방정환
어린이 연극론

<일러두기>
이 책에 실린 방정환 이야기 원문은 당시의 원본을 기본으로 하되, 이해를 돕기 위해 띄어쓰기와
옛 한글, 한자는 현대식으로 일부 수정하고 마침표나 쉼표 등의 문장 부호를 추가했다.

방정환
어린이 연극론

송인현

현북스

방정환의 어린이극 정신

우리는 그동안 방정환 선생을 어린이 운동가나 동화 작가로 알고 있었습니다. 이 책에서는 방정환 선생을 배우로 바라보고, 선생의 작품에서 '배우 글의 특징'을 찾아보려고 합니다. 나아가 방정환 선생이 우리말을 아름답게 사용하기 위해 어떤 노력을 기울였는지, 오늘날 우리가 그 정신을 이어받아 우리말을 바로 쓰는 것이 얼마나 중요한지도 생각해 보려고 합니다.

방정환 선생이 1923년 잡지 《어린이》에 실은 희곡 〈노래 주머니〉는 한국 어린이 연극의 시작을 알리는 작품입니다. 그런데 선생은 같은 해에 발표한 〈토끼의 재판〉 이후로는 본격적인 희곡을 쓰지 않았습니다. 그 대신 혼자서 이야기를 들려주는 '연극'을 시작합니다.

중국에서 우리가 알고 있는 일반 연극을 '대화로 하는 극'이라는 뜻으로 '화극(話劇)'이라고 했다면, 방정환 선생은 '이야기로 하는 연극'을 '말로 하는 연극', '말로 하는 연기'라는 의미에서 '구연(口演)'이라고 불렀습니다. 당시의 에피소드를 종합해 보면 방정환 선생은 단순하게 책을 읽어 주는 전기수나 이야기꾼이 아니었습니다. 선생은 당신의 구연에 상당한 연극적 방법을 동원한 것으로 짐작됩니다.

또한 방정환 선생의 구연, 즉 '이야기극'에는 숨은 의도가 있습니다. 혼자 하는 연극을 택한 것은 선생이 지녔던 배우로서의 기질도 한몫을 했겠지만 무엇보다 연극의 가치와 기능을 누구보다 잘 알았기 때문입니다. 방정환 선생은 연극이 어린이들에게 재미를 주고, 연극을 통해 '어린이 해방'의 의미를 나눌 수 있다고 확신했습니다. 또 연극으로 우리말을 지키는 것이 독립을 이루는 길이라고도 생각했습니다.

저는 방정환 선생을 우리나라에서 어린이 연극을 처음으로 시작한 사람으로 바라보고, '방정환의 극 대본 연구'와 '방정환 따라 하기'를 통해 그 정신을 창조적으로 계승해 보려고 합니다.

다시 말해서 '어린이를 중심에 두고 생각하는 마음'과 '아름다운 말, 살아 있는 말, 맛있는 말'을 사용하여 '아모나(아무나) 하기 쉬운 연극'을 펼쳤던 방정환 선생의 정신을 오늘날 어떻게 실천할 수 있을지 그 방법을 찾아보려고 합니다.

모든 어린이에게 이야기, 말, 연극이 행복한 선물이 되었으면 합니다.

송인현

우리 어린이 연극, 100년의 세월을 넘어가는 만남

　2023년은 방정환 선생이 1923년 3월에 창간한 《어린이》에 어린이 연극을 위한 희곡 〈노래 주머니〉를 처음 발표한 지 100주년이 되는 해입니다. 이런 뜻깊은 해에 방정환 선생과 어린이 연극에 관한 책이 태어나니 반갑고 기쁩니다.

　국민 대다수는 방정환 선생을 어린이날을 만든 사람 정도로만 알고 있습니다. 그 폭넓은 활동과 깊은 뜻은 잘 모릅니다. 방정환 선생의 활동 가운데 하나가 우리나라에서 현대 어린이·청소년 연극을 시작한 일입니다. 나아가 직접 어린이 연극 운동을 펼치면서 어린이들이 연극하기 좋은 희곡을 쓰고 지도했습니다.

　저자인 송인현은 1980년대부터 어린이·청소년 연극에 뜻을 두고 40년 넘게 끊임없는 노력을 해 오며, 어린이·청소년 연극사에 남을 만한 작품과 의미 있는 발자취를 다수 남겼습니다. 현재도 끊임없이 연구하고 실험하면서 활발하게 활동하고 있습니다. 그가 새롭게 도전하는 연극을 볼 때마다 어린이를 위한, 어린이와 함께하는, 어린이답게 나이든 참 소중한 배우라는 생각이 듭니다. 그런 마음과 눈 덕분에 방정환 선생의 작품과 동화 구연이 담고 있는 연극성과 말맛을 잘 찾아서 뜻

깊은 저술 작업을 해냈으니 고마운 일입니다.

역사란 과거와 현재가 대화하면서 미래를 창조해 나가는 것입니다. 이 책은 100년 전 방정환 선생이 고민해서 일군 어린이 연극을 향한 마음과 목적, 그리고 방법론을 잘 살펴 놓았습니다. 이를 바탕으로 미래를 위한 어린이 연극을 새롭게 창조하고 발전시키는 자양분이 되기에 충분합니다. 이렇듯 100년의 세월을 넘어서 방정환 선생과 만날 수 있는 다리를 놓아 준 저자에게 다시 한번 박수를 보냅니다.

이 책을 연극인들은 물론 '방정환'과 '어린이 연극'에 관심이 있는 모든 교사, 기획자, 어린이·청소년지도사, 마을공동체 활동가들이 꼭 읽어 보기를 권합니다. 지난 100년을 넘어 새로운 100년을 열어 갈 새로운 만남을 위해.

이주영

어린이문화연대 상임대표

어린이날101주년·어린이해방선언100주년 기념사업추진협의회 대표

방정환의 새로운 발견

방정환 선생에 대한 새로운 발견 중 빼놓을 수 없는 것이 '어린이·청소년극 역사의 시작'을 열었다는 점일 것입니다. 1918년 보성전문학교(현 고려대 전신) 학생이던 방정환의 연극 창작활동은 고려대학교 극예술동우회의 태동으로 기록되었으며, 1923년 《어린이》 잡지에 실린 어린이극 〈노래 주머니〉는 살아 숨 쉬는 각 인물 구축과 계산된 동선이 담긴 지문 등으로 연극의 무대화에 대한 이해가 없었다면 불가능했을 방정환 선생의 발자취를 말해 주고 있습니다.

권선징악을 뛰어넘어 모든 생명의 존엄을 외치며 일제 강점기 속에서 어린이들의 해방을 공표한 어린이 인권운동가이자, 요즘 언어로 크리에이터, 예술감독, 배우, 연출자인 방정환의 발견! 저자는 아마도 방정환 선생을 통해 자신을 발견한 것은 아닐까 생각해 봅니다.

방정환 선생이 당시 연극 〈동원령〉 등에 출연한 사진과 더불어 연출활동을 했다는 기사가 뚜렷이 있음에도 연극인 방정환을 얘기하는 사람들은 별로 없습니다. 문학인으로서 어린이 문화운동을 주도하고 어린이날을 탄생시킨 어린이 인권운동가 방정환도 자칫 역사 속으로 사라질 위기에 있으니까요.

배우이면서 연출가, 무대미술가, 극작가 등 일인 다역으로 긴 시간 동안 무대를 지키고 있는 송인현 선배의 출간을 진심으로 축하드리면서, 예술가 송인현의 시선에 잡힌 '근대 어린이·청소년극의 시작', '말맛 가득한 무대 위 방정환 연구'가 이 책을 시작으로 넓고 깊게 퍼져 나가기를 희망합니다.

방지영
아세테지코리아 국제아동청소년연극협회 한국본부 이사장

차례

머리말 4
추천사 1 6
추천사 2 8

1. 방정환은 어린이 연극을 왜 시작했을까?

방정환은 극작가이자 배우였다 14

방정환은 왜 어린이 연극을 했을까? 17

우리나라 최초의 어린이 연극, 〈노래 주머니〉 21

말맛을 살린 희곡, 〈토끼의 재판〉 36

혼자 하는 극 대본, 〈옹기 셈〉 외 45

2. 방정환은 연기를 어떻게 했을까?

이야기극, 이야기로 연극하기 56

오직 말의 힘으로 하는 연극 69

이야기에 따라 다양하게 연기하기 75

등장인물 되기, 〈느티나무 신세 이야기〉 77

과장해서 연기하기, 〈뜀뛰는 여관〉 88

신파극을 활용한 연기, 〈성냥팔이 소녀〉 93

3. 방정환은 극 대본을 어떻게 만들었을까?

극 대본은 중역이 아닌 새로운 창작이다 100

출처를 밝히고도 전래동화가 된 글, 〈의좋은 내외〉 103

출처를 잃은 글, 〈선물 아닌 선물〉 110

출처를 두고 새로 쓴 글, 〈시골 쥐의 서울 구경〉 114

4. 방정환의 어린이 연극은 '어린이 해방'을 향하여

어린이 연극과 어린이 해방　120

연극 놀이 개념으로 쓴 희곡, 〈아버지〉　126

〈아버지〉를 연극으로 다시 만들기　133

5. 방정환 따라 하기(1): 재연

버베이팀과 변형을 넘나들다, 〈느티나무 신세 이야기〉　140

과장해서 연기하기, 〈뜀뛰는 여관〉　149

창작 판소리로 해 보기, 〈호랑이 형님〉　152

누구나 따라 하기 쉬운 연기 훈련, 〈어린이 찬미〉　167

6. 방정환 따라 하기(2): 창조적 계승

아모나 하기 쉬운 연극　186

학생들의 연극 만들기, 〈마당을 나온 암탉〉　189

지역 이야기로 연극 만들기, 〈지네산은 살어 있다!〉　197

즉흥극으로 연극 만들기, 〈마포 황 부자〉　204

부록

방정환 헌정 희곡　210

방정환 어린이극을 이어 가는 사람들　251

맺음말　260

1.
방정환은
어린이 연극을
왜 시작했을까?

방정환은 극작가이자 배우였다

방정환 하면 사람들은 주로 어린이날을 만든 사람 또는 어린이 운동가로 알고 있습니다. 혹은 아동문학가, 동화 작가로도 알고 있지요. 물론 동화구연가(童話口演家)로도 널리 알려져 있습니다.

이것이 전부는 아닙니다. 방정환 선생은 지금까지 우리가 알고 있던 것보다 더 많은 활동을 했으니까요. 잡지 발행인, 편집인, 영화 제작자도 방정환 선생의 직업 중 일부입니다. 그것도 60세, 70세까지 살면서가 아니라, 만 31세라는 짧은 생을 살며 이런 많은 일을 했습니다. 한 사람이 했다고 하기에는 물리적으로 가당치 않다 보니 '다른 사람들의 업적까지 모두 방정환 선생이 했던 일로 포장된 것은 아닐까?' 하고 의심하는 사람도 있을 정도입니다.

저는 여기에다 방정환 선생이 연극인, 특히 작가이며 배우였다는 사실도 알리고 싶습니다. 앞서 예를 들었던 동화구연가에 모두 포함하려는 이들도 있는데, 그것은 아마도 방정환 선생이 당신 작업을 스스로 '구연(口演)'이라고 지칭했기 때문인 듯합니다. 하지만 지금 우리가 생각하는 일반적인 동화구연가로는 방정환 선생의 업적을 모두 정의할 수 없습니다.

방정환 선생은 한마디로 말해 종합예술가였습니다. 특히 배우의 말로 글을 쓴 작가였습니다. 선생이 특별히 동화라고 지칭했던 작품 외에는 대부분의 글이 사실상 극 대본이라고 할 수 있습니다. '동화 작가로서의 글'이 아니라 '배우로서의 글'인 것이죠. 그러니 배우이자 극작가였다고 하는 편이 더 적합할 것입니다.

요즘은 배우라고 하면 흔히 영화배우나 텔레비전 속 탤런트를 떠올리곤 하지만, 사실 영화 이론에서 이들을 칭하는 명칭은 '피사체'입니다. 연극의 3대 요소는 '배우, 관객, 무대'이고 영화의 3대 요소는 '카메라(렌즈), 스크린, 피사체'이지요. 따라서 엄격한 의미에서 배우는 연극배우를 말하는 것입니다.

잠시 서양 연극을 살펴볼까요? 서양 연극은 고대 그리스의 테스피스(Thespis)로부터 시작된 것으로 알려졌는데, 테스피스는 극본 쓰기와 무대 연기를 모두 혼자 했다고 합니다. 다시 말해서 서양 연극은 배우가 직접 글을 쓰고 그것을 스스로 연기했던 행위에서 시작했습니다. 배우가 무대에 혼자 올라 공연하는데, 더군다나 그 배우가 직접 대본을 쓰고 연기하는 방법도 정했으니 한 사람이 작가이자 연출가이고 배우였던 것입니다.

방정환 선생은 이와 같은 초기 배우의 본질을 그대로 갖추고 있었습니다. 직접 글을 쓰고, 그것을 어떤 방법으로 펼칠지 고민하면서 이야기를 들려주었으니, 그는 작가이자 연출가이며 배우였습니다. 이런 초기 배우의 형태를 갖추고 있던 방정환 선생이야말로 '본질적인 배우'라고 할 수 있습니다.

방정환은 왜 어린이 연극을 했을까?

　방정환 선생이 왜, 그리고 어떻게 어린이 연극을 하게 되었는지 알아보려면 먼저 선생의 성장 과정을 살펴봐야 합니다.

　방정환 선생은 1899년 11월 9일에 서울 야주개(지금의 당주동, 세종문화회관 뒤편)에서 태어났습니다. 이곳은 고종의 전용 극장인 협률사와 가까운 곳입니다. 선생이 협률사에서 태어나고 그 집안이 극장 일을 했다는 것은 아닙니다. 그렇지만 이 극장, 또는 극장 사람들과 자주 접촉하고 영향을 받았으리란 점은 쉽게 짐작할 수 있습니다. 실제로 선생이 어린 시절에 '내시들을 자주 골탕 먹였다'는 일화가 있는 것으로 보아 공연을 준비하던 내시들과도 친밀감이 있었던 듯합니다. 선생이 어린 시절에 협률사 공연을 직접 보았는지는 알 수 없지만, 간접적으로라도 협률사 공연을 접했을 것으로 짐작됩니다.

　또 집안이 어렵던 10세 전후에 이불 소창을 걸어 놓은 채, 어느

화가에게서 선물 받은 환등기를 틀고 신파극 흉내를 내면서 놀았다는 일화도 있습니다.

이러한 성장 과정을 생각해 보면 방정환 선생은 기본적으로 '공연성'을 타고난 것 같습니다. 더불어 1908년에는 고작 9세 나이로 어린이 토론회인 소년입지회(少年立志會)를 조직해 또래 회원들과 토론, 연설, 동화 구연을 했다는 기록으로 보아, 방정환 선생은 공연성과 더불어 '이야기꾼 기질' 혹은 '예술가적 기질'을 타고난 것으로 보입니다.

방정환 선생의 예술가적 기질은 선린상업학교 졸업을 1년 앞두고 갑자기 학교를 중퇴한 사실에서도 찾을 수 있습니다. 당시 이 학교를 졸업한 학생들은 대부분 은행원이 되었다고 하니 졸업만 하면 안정된 직장이 보장되었을 것입니다. 더군다나 당시 선생의 가정 형편은 더더욱 어려워져 기본적인 생계를 고민해야 할 정도였기에, 안정된 미래를 준비한다는 것은 어찌 보면 너무도 당연한 일이었을 것입니다.

그때는 평생직장이라는 개념이 아주 강했던 시기였습니다. 졸업 후 은행원이 되면 아마 평생 돈만 만지며 살아야 한다는 생각에 너무도 갑갑했겠죠. 그래서 선생은 직업이 보장된 학교를 갑자기 중퇴하고는 심부름꾼 노릇을 하며 새로운 길을 찾아 나섰던 것입니다.

계몽극, 〈동원령〉

이후 방정환 선생은 보성전문학교(현 고려대학교의 전신)에 입학하면서 본격적으로 예술가적 기질을 발휘합니다.

1918년 7월 7일, 당시 민족운동에 뜻을 둔 18세, 19세 청년들과 함께 선생은 문화예술로 독립운동을 펼치기 위한 비밀 조직 '경성청년구락부'를 조직합니다. 그리고 그해 12월에 경성청년구락부 송년회 모임에서 방정환 선생은 스스로 대본을 쓰고 연출을 하고 주연을 맡은 〈동원령〉이란 연극을 무대 위에 올립니다. 물론 연습 시간이나 무대 환경, 배우들의 수준을 고려할 때 지금과 같은 전문적인 연극은 아니었을 것으로 짐작됩니다. 방정환 선생도 이것을 일반적인 연극이란 말 대신 '소인극'이라고 불렀습니다. 그리고 이러한 소인극 운동은 1970년대까지 여러 대학교에서 '촌극(寸劇)'이라는 이름으로 명맥을 유지했습니다.

방정환 선생의 〈동원령〉 줄거리는 다음과 같습니다. 높은 이자에 시달리는 가난한 농부가 병든 아내를 위해 약을 지으러 간 사이에 일본인 고리대금업자가 와서 부엌에 있는 밥솥을 떼어 갑니다. 결국 농부는 가족들과 함께 고향을 떠나죠. 당시 일본인들의 착취를 고발한 계몽극이었습니다.

연극 운동과 3·1 독립 만세 운동

방정환 선생의 연극 운동은 1919년에 펼쳐진 3·1 독립 만세 운동의 작은 씨앗이 되었습니다. 1919년 3월 1일에 갑자기 민족 지도자 33인이 나타나 독립선언서를 낭독했다면, 그렇게 즉흥적인 행동이었다면, 3·1 독립 만세 운동이 그처럼 강력하게 확산하고 지속되기는 어려웠을 것입니다. 또 임시정부로 법통이 이어질 수도 없었겠죠. 보통 3·1 독립 만세 운동을 '고종 독살 사건', '2·8 독립 선언'과 연결해서 이야기하기도 하지만, 국외에서 독립을 준비하던 이들과 일반 민중들 사이에 독립 정신이 미리 자리 잡고 있지 않았다면 그처럼 전국적으로 확산하기는 불가능했을 것입니다.

방정환 선생은 연극을 통한 사회 변화의 효과를 잘 알고 있었습니다. 한 집단이 어떤 이야기를 갖게 되고 서로 공감하여 그 정서를 함께 나누면, 개인이 느끼는 개별적인 감동보다 훨씬 더 크고 강력한 힘이 된다는 것을 선생은 알고 있었습니다. 그래서 경성청년구락부 송년회 자리에서 소인극(연극)을 했던 것입니다.

방정환 선생은 3·1 독립 만세 운동을 통해 미래의 희망은 어린이들에게 있다는 생각을 품게 됩니다. 그래서 1920년에 일본으로 건너가 1921년 도요대학교에 입학하여 철학과 아동문학, 아동심리학 등을 공부하고 돌아온 이후 본격적인 '어린이 운동'을 펼치게 됩니다.

우리나라 최초의 어린이 연극, 〈노래 주머니〉

방정환 선생의 〈노래 주머니〉는 지금까지의 자료로 보아 우리나라 어린이 연극의 시작이 되는 작품이라고 할 수 있습니다.

〈노래 주머니〉는 1923년에 방정환 선생이 《어린이》 잡지를 창간하면서 3월 창간호와 4월호에 실었던 작품입니다. 우리가 잘 알고 있는 혹부리 영감 이야기를 극화한 것이죠. 선생은 이 희곡을 잡지에 실으면서 '學校 少年會 아모나 하기 쉬운 동화극'이라는 주를 붙였습니다. 학교 학생들 누구든 쉽게 할 수 있는 동화극이라는 의미였는데 이것은 방정환 선생의 매우 중요한 연극 정신이기도 합니다.

방정환 선생이 〈노래 주머니〉 작품에 굳이 '아모나 하기 쉬운 동화극'이라는 주를 붙인 이유는 쉽게 유추할 수 있습니다. 희곡을 처음 접하는 당시 사람들이 대본으로 연극 만드는 방법을 몰라 막막해하고 망설일 때 용기를 주기 위함이었죠. 그래서 의상과 분장

<노래 주머니>

주요 등장인물: 박 서방(착한 혹부리 영감), 김 서방(못된 혹부리 영감), 도깨비들, 소년들

내용 소개: 총 3장으로 이루어져 있다. 1장에서는 도깨비들이 박 서방의 혹이 노래 주머니라고 착각하고 혹을 떼어 가는 대신 보물이 나오는 도깨비방망이를 준다. 2장에서는 김 서방이 소년들을 괴롭히는 장면이 나오고, 3장에서는 김 서방이 도깨비들을 속이려다 도깨비방망이를 얻기는커녕 혹만 하나 더 붙이게 된다.

– 《어린이》, 1923년 3~4월호

은 물론, 배역을 정하는 방법까지 일일이 설명하면서 누구나 쉽게 연극을 해 보라고 권했습니다.

이때 제시한 방법이 조금 어설퍼 보이기도 하지만, 여기에 방정환 선생의 '허튼 미학'이 있습니다. 그것은 잘 다듬어지고 매끈한 것만 추구하기보다, 조금은 거칠더라도 소박한 정서와 정감을 나누는 미학이라고 할 수 있습니다. 이러한 미감은 오늘날 더욱 필요합니다. 현대인들은 매끈함과 예쁜 포장에만 익숙해져서 그 안의 내용, 즉 본질을 보는 눈이 점점 약해지고 있으니까요.

방정환 선생은 많은 사람이 연극을 쉽게 시도해 보기를 바랐고, 정식 극장이 아닌 어떤 환경에서도 공연을 할 수 있다고 말했습니다. 누구나 쉽게 연극을 만들어 보라는 격려입니다. 연극을 만드는 일이 쉽진 않지만 '아무나, 누구든 할 수 있다'고 용기를 주었습니다.

방정환 선생이 자신의 글 중간에 무대그림을 그려 놓은 것도 그런 이유에서였습니다. 이것은 희곡을 읽고 어떻게 무대로 꾸며야 할지 몰라 막막해하는 사람들에게 연극 만드는 법을 알려 주는 매우 효과적인 방법이었을 것입니다.

학생들이 쉽게 즐기는 연극

이쯤에서 방정환 선생이 말한 '아무나 하기 쉬운 연극'이 오늘날 어떻게 활용될 수 있을지 생각해 보려고 합니다.

현재는 '생활연극'이라고 하여 전문가들뿐 아니라 일반인들도 연극을 즐기고 있습니다. 생활문화진흥원, 지역문화진흥원 등 연극을 비롯해 일반인들의 다양한 문화적 욕구를 지원하는 여러 기구도 설립되었습니다. 그러므로 방정환 선생이 말했던 아무나 하기 쉬운 예술 운동은 지금에 와서 더욱 특별한 의미를 갖습니다.

학교 연극은 아무나 하기 쉬운 연극을 실천하기 위해 매우 중요합니다. 하지만 현재 우리의 학교 연극은 행사나 경연으로 일부 유지되고 있을 뿐이니 참으로 안타까운 일입니다. 경연을 하려면 자연스러운 작업 대신 잘하려는 마음이 앞서기 때문에 이러한 방식은 방정환 선생이 생각했던 아무나 하기 쉬운 연극 운동은 아닐 것입니다.

선생이 바라던 것은 우열을 가리는 경연이 아니라, 남들 앞에서 뽐내는 것도 아니라, 어린이들과 청소년들이 연극을 쉽게 체험하고 즐기는 것이었습니다. 경쟁이 아닙니다. 이러한 연극이라야 창의적인 활동이 되고 즐거운 오락이 되며, 나아가 교육의 한 축을 실천할 수 있습니다. 또 친구들과 함께 작업하면서 상대방을 이해하는 힘을 기르게 되고, 함께 연극을 보면서 공동체 의식도 갖게 됩니다. 연극을 만들면서 여럿이 협력하고 의견을 나눠야 하기 때문에 아무나, 다시 말해 누구나 연극을 한다는 것은 현대에 와서 더욱 중요합니다.

더불어, 함께 연극을 만드는 것도 중요하지만 '함께 공연을 보는 것'이 먼저 이뤄지면 더욱 좋습니다. 공연을 보면서 그 집단의 공동체성이 길러지는 것이니까요.

등장인물의 성격을 드러내는 장치

〈노래 주머니〉는 앞서 설명했듯이 우리나라 어린이 연극의 시작을 알리는 작품입니다. 이전에도 많은 습작이 있었을 것으로 짐작이 되지만, 공식적인 기록으로는 이 작품이 우리나라 최초의 어린이를 위한 희곡 작품입니다.

〈노래 주머니〉는 방정환 선생의 첫 희곡임에도 무대 구성이나 인물의 성격이 매우 잘 구축되어 있습니다. 희곡이 다른 문학과 다른 점은 '무대에서 공연하는 것을 전제로 한다'는 것에 있습니다. 즉, 무대 구성이나 등장인물의 행동, 무대에서의 움직임까지 고려해야 합니다.

그래서 제목이 매우 중요합니다. 이 이야기의 원작은 '혹부리 영감'이지만 선생은 〈노래 주머니〉라는 제목을 붙였습니다. 이는 연극의 중심을 혹부리 영감 두 인물에 두는 것이 아니라, 도깨비들이 혹을 '노래 주머니'로 착각하는 데 두고 있기 때문입니다. 제가 극단민들레를 창단할 때는 이 이야기로 창단공연을 하면서 〈깨비 깨비 도깨비〉라는 제목을 붙였는데 그 공연에서는 우리 도깨비들의 원형과 움직임에 중점을 더 두었기 때문입니다.

〈노래 주머니〉에서 특히 놀라운 점은 인물의 성격을 구축하는 방법에 있습니다. '인물'은 '구성'과 함께 연극에서 매우 중요한 요소입니다. 희곡을 처음 쓰는 사람들은 줄거리를 중심으로 이야기를 풀기 쉬운데, 방정환 선생은 첫 작품임에도 불구하고 이야기의 틀은 물론 인물의 성격까지 분명하게 창조해 냈습니다. 소설에서는 작가가 글로 인물의 성격을 설명합니다. 그래서 작가가 의도하는 바를 독자들이 쉽게 상상할 수 있습니다. 하지만 희곡에서는 등장인물의 성격이 말과 행동으로 드러나야 하는데 이는 결코 쉬운 일이 아닙니다.

〈노래 주머니〉는 1막 3장으로 구성이 되어 있습니다. 그런데 혹부리 영감의 성씨가 2장에 가서야 드러나는 것으로 보아, 이야기 전체를 미리 써 놓은 후 나누어서 연재한 건 아닌 듯합니다. 착한 혹부리 영감이 1장에서는 그냥 '노인'이었는데, 한 달 뒤에 실린 2장에서는 '박 서방'이 되었으니까요. 1장을 쓰고 시간이 조금 지난 다음에 나머지 2, 3장을 쓴 것이죠. 이것으로 미루어 보아 치밀하게 계획해서 썼던 것도 아닌 듯싶은데, 그럼에도 인물의 성격이 '행동'을 통해서 잘 드러나 있습니다.

지금도 많은 연극에서 인물을 창조할 때 단순히 '착한 사람', '나쁜 사람'으로 묘사하고는 합니다. 이것은 절대 바람직하지 않습니다. 무대에서는 그 인물이 왜 선한지, 왜 악한지를 행동으로 보여 줘야 합니다. 작가들이 선인과 악인을 외모나 인상으로 미리 정해 놓으면 자칫 사람을 인상이나 외모로 판단하게 만들 수 있습니다.

우리가 흔히 알고 있는 혹부리 영감 이야기에서는 노래를 부르는 혹부리 영감에게 도깨비들이 "그 노래가 어디서 나오느냐?"고 묻습니다. 그럼 혹부리 영감은 "혹에서 나온다"고 거짓말을 하고, 도깨비들은 어리숙하게도 그 말을 믿고는 혹을 떼어 가는 대신 보물인 도깨비방망이를 줍니다. 그렇게 되면 영감이 도깨비들에게 거짓말을 한 셈이니, 나중에 등장하여 혹을 하나 더 붙이는 영감과 다를 바 없습니다. 그런데 많은 이야기가 처음부터 앞에 등장하는 영감을 '착한 사람'으로, 나중에 등장하는 영감을 '욕심이 많고 심술 사나운 사람'으로 간주합니다.

방정환 선생의 〈노래 주머니〉는 다릅니다. 도깨비들이 "이 늙은 이의 노래는 뺨에 달린 혹에서 나오는 것이랍니다"라고 말하자 박 서방(착한 혹부리 영감)은 "아니올시다. 이것은 노래 주머니가 아니라 혹이올시다. 소리는 목구멍으로 나오는 것이지 어떻게 혹에서 나옵니까?" 하고 분명하게 짚어 줍니다. 이 행동에서 인물의 정직성이 분명하게 드러납니다. 더군다나 박 서방은 처음에는 자기 혹을 도깨비들이 가져간 사실도 모릅니다. 다음 장인 2장 끝부분에서 소년들이 알려 주고서야 혹이 없어진 것을 알게 됩니다.

이처럼 연극에서는 〈노래 주머니〉와 같이 분명한 행동을 통해 인물의 성격을 구축하는 것이 매우 중요합니다. 방정환 선생은 행동으로 인물을 표현하는 방법을 처음부터 알고 있었습니다.

그런데 도깨비들은 왜 혹이 필요했을까요? 〈노래 주머니〉는 이 부분도 확실하게 알려 줍니다. 도깨비들은 노래를 무척 좋아하지만 잘 부르지는 못합니다. 더군다나 아는 노래가 없어서 늘 같은 노래만 부르죠. 그러니 얼마나 다른 노래를 듣고 싶었을까요! 바로 이 장면으로 극이 시작된 후에 박 서방이 등장합니다.

이러한 구성은 설령 박 서방을 연기하는 배우가 노래를 잘 부르지 못하더라도 크게 문제가 되지 않습니다. 배우가 꼭 가수처럼 노래를 잘 불러야 한다면 연극 만들기가 쉽지 않겠죠. 그런데 도깨비들이 워낙 노래를 못 부르고 아는 노래도 없다 보니 누구든 조금만 노래를 부를 줄 알면 도깨비들이 쉽게 감동한다는 점을 관객들이 이해할 수 있습니다. 다시 말해 박 서방 역을 맡은 배우가 꼭 가수처럼 노래를 잘 부르지 못해도 이 장면을 충분히 극적으로 연기할 수 있는 장치가 마련된 것입니다.

이야기에 담긴 만세 운동 정신

도깨비들끼리 엉터리 노래를 부르며 놀다가 박 서방이 등장해서 불러 주는 노래를 듣고 좋아하는 그때 닭 울음소리가 들립니다. 닭 울음소리가 들리면 곧 해가 뜬다는 것이고, 해가 뜨면 도깨비들은 사라지게 된다는 걸 관객들도 이미 알고 있습니다. 이렇게 1장이 끝나게 됩니다.

2장과 3장은 다음 호(《어린이》, 1923년 4월호)에 실리는데, 특히 2장에서 인물의 성격이 더욱 분명하게 드러납니다. 우리는 흔히 두 번째에 등장하는 혹부리 영감을 심술 사납고 욕심이 많다고 알고 있습니다. 지금도 많은 그림책이나 이야기 속에 등장하는 두 번째 혹부리 영감은 악한 인물로 표현됩니다. 하지만 방정환 선생은 두 번째 혹부리 영감, 즉 '김 서방'의 행동을 통해 성격을 드러내고 주제 의식까지 가질 수 있게 했습니다.

2장에서 소년들이 커다란 메기를 잡고 기뻐합니다. "얼마나 큰지 뱀장어인 줄 알았다"고 하면서요. 그런데 김 서방(두 번째 혹부리 영감)이 나타나서 그 메기를 빼앗아 갑니다. 소년들이 메기를 개천에서 잡았다고 하니, 김 서방은 자기가 그 위에 웅덩이를 파고 메기를 놓아두었는데 그 메기가 흘러내려 온 것이라는 억지를 쓰면서 메기를 빼앗아 갑니다. 반항하는 소년들을 향해 때리려고 주먹까지 듭니다.

여기서 주목할 점은 소년들의 메기를 '빼앗는 행위'를 통해 김 서방을 악한 인물로 표현했다는 것입니다. 남의 것을, 더구나 자신보다 약한 사람의 것을 빼앗는 행위는 당연히 옳지 않습니다. 사람들은 지금도 그렇게 생각할 것입니다. 더구나 당시 시대적 상황을 생각하면 이 행동은 지금보다 열 배, 백 배는 더 나쁘게 느껴졌을 것입니다.

빼앗는 사람! 그 당시에 내 것, 우리 것을 빼앗는 사람은 누구였을까요? 그렇습니다. 이야기에서는 '김 서방'으로 표현되었지만, 이 인물이 일본 순사복을 입지는 않았지만, 당시 정서로는 누구나 쉽게 '일본'을 떠올렸을 것입니다.

이렇게 '내 것을 빼앗기는 장면'에서 우리 관객, 어린이들은 수년 전의 3·1 독립 만세 운동을 떠올렸을 것이고, 그렇게 그 정신을 이어 갈 수 있었을 것입니다.

유치진, 나라를 빼앗긴 이야기

이것이 지나친 해석일까요? 그렇지 않습니다. 실제 사례를 좀 더 살펴보겠습니다. 1930년대에 극작가 유치진은 〈소〉라는 연극을 공연합니다. 이 작품은 농촌을 배경으로 '국서'라는 농부와 국서의 두 자녀, '쇠똥이'와 '개똥이'의 갈등을 그렸습니다. 개똥이가 대처(도시)로 가기 위해 집안의 전 재산이라고 할 수 있는 소를 몰래 팔고는 그 돈을 갖고 집을 떠납니다. 그러자 검은 옷을 입은 소 장수들이 국서 집에 와서 소를 끌고 갑니다.

이것은 극적으로 당연한 귀결이고 흐름으로도 아무런 문제가 없습니다. 하지만 소를 빼앗기는 장면에서 당시 우리나라 사람들은 '나라를 빼앗기는 아픔'을 공감했습니다. 이 공연으로 유치진은 종로경찰서에 끌려가 3개월 정도 구금되었습니다. 이후 유치진은 사실주의(리얼리즘)를 포기하고 낭만주의로 회귀하겠다고 선포합니다. 우리 연극사에 매우 불행한 사건이지요.

유치진은 〈토막〉이나 〈소〉와 같은 희곡 작품을 쓰면서 리얼리즘의 정점을 향해 달려가고 있었습니다. 당시 빈민들의 삶, 농민들의 삶을 사실적으로 표현하면서 자연스럽게 연극의 사회적 가치를 실천하고 있었습니다. 입으로 독립을 외치지 않아도 무대 위의 인물을 통해 시대의 아픔을 전했던 것입니다. 더군다나 문예사의 흐름에서도 이미 상징주의를 담고 있었기 때문에 이는 우리 예술의 미래를 밝힐 수 있는 대단한 일이었습니다.

그랬던 유치진이 일제의 위협에 스스로 '문예사조를 뒤로 돌린 것'은 참으로 안타까운 일입니다. 우리나라 문예사조는 낭만주의 에서 사실주의로 그리고 상징주의로 발전하던 중이었습니다. 그런 데 이 사건으로 사실주의에서 다시 낭만주의로 뒷걸음질을 치게 된 것입니다. 그렇다면 이렇게 문예사조를 뒤로 돌린 것이 예술가 의 행동에서 어떤 의미가 있었을까요?

이후 유치진은 어떻게든 '나라 빼앗긴 이야기'를 하고 싶어 합니 다. 그래서 〈자명고〉, 〈마의태자〉와 같은 작품들을 무대에 올립니 다. 하지만 〈자명고〉는 호동 왕자와 낙랑 공주의 사랑 이야기에 초점이 맞춰지면서 나라를 빼앗긴 감정을 깊게 담아내지는 못했 습니다. 더군다나 부여가 망하고 고구려가 들어서는 것은 우리의 역사이다 보니 관객들은 그것을 나라 잃은 아픔으로 연결할 수 없었습니다.

유치진은 〈마의태자〉를 통해 신라 마지막 왕자의 모습을 보여 주며 더욱 적극적으로 나라를 빼앗긴 아픔을 전하려고 합니다. 왕건을 아주 음흉하게 표현한 이유지요. 하지만 그것 역시 신라가 망하고 고려가 들어선 우리의 역사이므로 나라를 빼앗긴 아픔으 로 연결되진 못했습니다.

〈자명고〉를 만들면서 유치진은 사람들이 전통을 잘 알지 못하 는 현실에 대해 크게 안타까워합니다. 그래서 이때를 전후해서 '드라마센터 가면극회'를 만들고 우리의 전통을 무대로 끌어들이는 작업을 합니다. 드라마센터 가면극회는 우리나라에서 무형문화재 제도가 만들어지기 훨씬 이전의 활동으로 우리 전통, 그중에서도 탈춤을 복원하는 데 큰 힘이 되었습니다. 또한 유치진은 후학들과 함께 전통에 바탕을 둔 창작물을 만들기도 했는데 후학들의 이 작업들은 지금도 전통을 재창작하는 데 모범이 되고 있습니다. 하지만 일제 강점기 말에 북간도로의 이주를 권하는 연극을 했다는 이유로 유치진의 이러한 긍정적인 면까지 제대로 평가받지 못하고 있습니다.

무대 용어로 보는 우리말

다시 〈노래 주머니〉로 돌아와 볼까요? 표현의 자유가 제한적이었던 당시의 시대적 상황을 고려했을 때, 관객들은 소년들이 잡은 메기를 빼앗는 김 서방의 행위를 통해 일제의 만행을 쉽게 떠올렸을 것입니다. 3장은 그런 김 서방이 도깨비들에게 혼이 나고, 혹을 떼고 보물을 얻으려다가 오히려 혹을 하나 더 붙이는 것으로 막을 내립니다.

여기서 잠깐! 잠시 무대 용어를 하나 알아보겠습니다. 지금도 극장에선 무대의 좌우를 가리킬 때 상수, 하수라는 말을 쓰고 있습니다. 상수, 하수는 각각 무대 어느 쪽을 가리키는 말일까요? 배우가 무대에서 객석을 향했을 때 왼쪽 방향을 상수, 오른쪽 방향을 하수라고 합니다. 이를 좌편, 우편이라고 하면 누구나 쉽게 이해할 수 있겠죠. 상수, 하수라는 말은 일제의 잔재이므로 1980년대 민주화 운동과 함께 무대에서 이 말을 쓰지 말자는 운동이 펼쳐지기도 했습니다. 하지만 그 운동이 제대로 확산하지는 못했는지 아직도 무대에서는 상수, 하수라는 말이 널리 사용되고 있습니다.

요즘은 상수와 하수를 나눠서 글을 쓰는 작가가 많지 않습니다. 하지만 1970~80년대까지만 해도 이 말이 널리 사용되었으니, 이미 100년 전에 방정환 선생이 상수와 하수 대신 좌편과 우편이라는 용어를 사용했던 것은 정말 대단한 일입니다. 물론 왼쪽, 오른쪽으로 썼다면 더욱 좋았겠지만, 당시 우리말과 한자를 혼용하던 관습을 떠올리면 좌편, 우편이라 했던 것도 대단히 의미 있는 일입니다(여기서 '왼쪽'과 '오른쪽'도 배우가 객석을 바라보는 방향을 기준으로 합니다).

무대 용어를 꼭 우리말로 써야 한다는 것은 아니지만 굳이 일본식 용어를 쓰는 것은 여러 가지 면에서 바람직하지 않습니다. 더군다나 일본인 외의 외국인들과 공동 작업을 할 때면 상수, 하수는 정말 소통될 수 없는 용어입니다. 국제적으로는 이를 'Left', 'Right' 즉 왼쪽, 오른쪽이라고 하니까요. 그런데 방정환 선생은 일본식 용어인 상수, 하수라는 말이 널리 쓰이던 당시에 이미 좌편, 우편이라는 말을 사용한 것입니다. 우리말과 한자를 혼용하여 사용하던 당시로서는 좌편과 우편이 우리말로 표현할 수 있는 한계였을지 몰라도, 그럼에도 우리말을 지키고 가꾸려는 방정환 선생의 확고한 의지를 느낄 수 있습니다.

무대의 좌우에는 어떤 비밀이 숨어 있을까요? 현대인들은 보통 글을 읽을 때 왼쪽에서 오른쪽으로 읽습니다. 따라서 사람의 시선은 자연스럽게 왼쪽에서 오른쪽으로 흐르게 됩니다. 관객의 시선이 왼쪽에서 오른쪽으로 흐르니 무대에서도 같은 방향으로 흐름이 이어집니다.

이런 느낌 때문에 무대 오른쪽(右便, 관객석에서 봤을 때 왼쪽)에서 등장하는 사람은 '순행'하는 느낌이 들고, 왼쪽(左便, 관객석에서 봤을 때 오른쪽)에서 등장하는 사람은 '역행'하는 느낌이 들게 됩니다. 그러니까 선한 인물, 긍정적인 인물은 오른쪽에서 등장하고, 악한 인물, 부정적인 인물은 왼쪽에서 등장합니다.

물론 현대에는 이러한 느낌을 더 다양한 방법으로 연출하고 있지만, 기본적으로 이는 매우 유용한 정보입니다. 이를 응용하면 사랑하는 장면은 무대 왼쪽에, 음모를 꾸미는 장면은 주로 오른쪽에서 이뤄지게 할 수 있겠죠. 책을 읽는 방향 때문에 이런 심리 작용이 생긴다고 합니다. 무대 오른쪽에 있는 사람은 자꾸 반대로 움직이려는 작용 때문에 불안하고, 그래서 음모를 꾸밀 때 이 장소를 사용하면 더 강렬한 인상을 받게 됩니다. 사랑하는 사람과는 머물고 싶어집니다. 시선이 무대 오른쪽에서 왼쪽으로 흘러 그곳에 머물게 되니 안정적인 느낌이 드는 것이죠.

그렇다면 과거 우리나라를 비롯해 중국이나 일본에서는 책을 반대 방향으로 읽었는데, 무대 순행 방향이 어떻게 적용되었을까요? 그렇습니다. 앞서 말씀드린 순행 방향과는 반대로 이뤄집니다. 다시 말해서 무대 왼쪽에서 오른쪽으로, 관객의 시점에서는 오른쪽에서 왼쪽으로 순행 방향이 생기는 것입니다.

〈노래 주머니〉에서 착한 사람인 박 서방은 어느 쪽에서 등장해야 할까요? 방정환 선생은 오른쪽에서 등장하게 했습니다. 반대로 악한 인물인 김 서방은 반대쪽에서 등장합니다. 극본에도 '좌편 혹부리 김 서방 등장' 하고 분명하게 표기되어 있습니다.

부끄러운 이야기지만 지금도 공공극장에 가면 무대 옆에 아예 '상수', '하수'라고 써 놓은 곳이 많습니다. 이는 방정환 선생의 우리말 정신을 살려서 각각 왼쪽, 오른쪽으로 바꿔 놓아야 할 것입니다.

말맛을 살린 희곡, 〈토끼의 재판〉

《어린이》 잡지 1923년 3월호와 4월호에 〈노래 주머니〉를 발표한 방정환 선생은 같은 해 11월호에 새로운 희곡 〈토끼의 재판〉을 발표합니다. 이 반년 사이에 선생의 극작술은 훨씬 세련되어집니다. 〈토끼의 재판〉은 이전 작품보다 대사가 명료하고 인물을 표현하는 방법이나 무대를 정하는 방법도 훌륭합니다.

〈토끼의 재판〉은 무대 장치(배경)를 한 장면으로 해결했습니다. 장치를 바꾸지 않아도 되니 연극을 만드는 입장에서는 작업이 훨씬 수월했을 것입니다. 또한 원작에서는 호랑이가 '구덩이'에 빠지는데, 방정환 선생은 호랑이가 '궤짝'에 갇히게 하여 무대에서 장면 만들기가 더 쉬워졌습니다.

등장인물로는 호랑이와 나그네, 토끼 외에도 '길'과 '나무'를 두어서 우화성을 높였습니다. 기존에 하던 방식대로 길이나 나무 대신 소를 등장시켰다면 당시에 연극을 만들던 사람들은 훨씬 편했

<토끼의 재판>

주요 등장인물: 호랑이, 나그네, 토끼, 사냥꾼들, 길, 나무

내용 소개: 한 무대에서 이뤄진다. 호랑이를 궤짝에 넣어 끌고 가던 사냥꾼들이 잠시 물을 마시러 간 사이에 나그네가 호랑이를 꺼내 준다. 궤짝에 갇혔을 때 호랑이는 나그네에게 "절대 잡아먹지 않겠다"고 하지만 약속과는 달리 궤짝을 나와서는 나그네를 잡아먹으려 한다. 나그네와 호랑이는 다른 이들에게 이 상황에 대한 의견을 묻기로 한다. 나무와 길은 호랑이 편을 들지만, 토끼는 그 상황을 이해하지 못하는 척하면서 호랑이가 스스로 궤짝에 다시 들어가게 한다. 방정환의 말맛이 잘 드러난 작품이다.

– 《어린이》, 1923년 11월호

을 것입니다. 이미 호랑이도 나오고 토끼도 나오니 같은 느낌으로 상상력을 펼치면 되니까요. 하지만 길과 나무라니, 더구나 이것들이 말도 하고 움직여야 한다니 전문적으로 연기하는 사람도 당황했을 것입니다.

"나무나 길이 움직여도 될까?"

"그대로 꼼짝하지 않고 서서 말로만 연기해야 하나?"

"그것도 아니면 밖에서 소리만 들리게 할까?"

여러분이라면 어떻게 표현하고 싶으신가요? 네, 그렇게 하면 됩니다. 지금 머릿속에 스친 생각이 있다면 그것이 답입니다. 사람마다 다른 답이 나왔다고 해도 상관없습니다. 이제 그 답을 어떻게 표현할 것인지 구체적으로 생각하면 됩니다. 이렇게 한 번 더 생각하는 것으로 더욱 창의적인 방법을 이끌어 낼 수 있는 것입니다.

연극에 담긴 '말의 정신'

〈토끼의 재판〉에 등장하는 인물들은 앞서 살펴본 〈노래 주머니〉 속 도깨비들보다 말(대사)과 행동이 매우 잘 정돈된 느낌을 줍니다. 하지만 나무와 길이 사람처럼 말을 해야 하니, 전체적으로는 사실적이기보단 조금은 일상적이지 않은 연기를 하게 될 것입니다. 그렇게 되면 일상적인 연기보다 특별한 양식이 생기게 됩니다. 가령 일반 연극과 마당극의 차이를 연상하면 됩니다.

당시에는 어떤 방법으로 연기를 했을까요? '만담'에서 그 단서를 잡을 수 있습니다. 1960년대까지 라디오에는 만담 프로그램이 있었습니다. 이처럼 과거에는 말로 하는 유희, 즉 '말놀이'가 유행했습니다. 요즘은 단순히 아재 개그라고 치부되지만 과거에는 말을 갖고 하는 '말맛을 살린 놀이'가 많았던 것입니다.

잠시 봉산탈춤의 '법고놀이' 장면을 살펴보겠습니다. 봉산탈춤은 무형문화재이므로 적어도 100년 전에 유행하던 말의 유희가 그대로 남아 있습니다. 법고놀이의 '법고'는 불교에서 중생을 일깨우기 위해 치는 북을 말합니다. 법고놀이 장면에 두 명의 배우(탈꾼)가 등장하여 자기들이 중(僧)이라고 합니다. 그러면서 한 인물이 "우리가 중이니 벅구 놀자!" 하면 다른 인물이 "그래, 벅구 놀자!" 하고 맞장구를 칩니다.

"진짜 벅구 놀잔 말이지?"

"그래, 진짜 벅구 놀자!"

"진정 벅구 놀자 했다?"

"그래, 진정 벅구 놀자 하였다!"

"그러면 옜다, 벗었다!"

그러면서 먼저 말을 건넨 중이 웃통을 훌렁 벗습니다. 둘은 '벗'인지 '법'인지 모를 적당한 '벅'이라는 음가로 발음했던 것입니다.

〈토끼의 재판〉에서는 '시원하다'는 말의 느낌을 사냥꾼들이 서로 달리 받아들이면서 극이 진행됩니다. 한 사냥꾼이 불어오는 바람에 '시원하다'고 말합니다. 이 말에 다른 사냥꾼은 물을 마시면서 느끼는 시원함을 연상하고는 샘물을 찾아 나서게 됩니다. 이 시원함은 극의 마지막에 사냥꾼들이 돌아오면서 '뱃속까지 시원하다'는 표현으로 연결됩니다. "어- 그 물 차기도 한대 뱃속까지 시원-하이." 즉, '시원하다'는 말맛에 따라 인물의 행동이 이뤄지며 이에 따라 극이 시작되고 마무리됩니다.

한때는 이렇게 말로 진행하는 극작법이 무대에서의 행동을 저해한다고 하여 되도록 사용하지 않기를 권했습니다. 특히 '무대에서의 경제성'을 강조하면서 말을 압축하는 풍토가 생겼는데, 이 때문에 우리 연극에서 말맛을 즐기는 사람이 줄고 언어의 풍성함이 줄어든 것은 아닐까 생각합니다.

사실 연극에는 '살아 있는 말'이 있고 그 말은 일상의 모본이 되어야 하는데, 우리 연극은 스스로 '사회적 말의 모본이 되는 역할'

을 버린 셈입니다. 사회도 무대 언어를 모본으로 바라보지 않게 되었습니다. 이제라도 방정환 선생의 말맛을 살려서 연극이 우리 말의 모본이 되게 해야 하지 않을까요? 말을 아름답고 재미있게 한다는 것은 얼마나 환상적인 일인가요! 결이 살아 있는 말로 우리말의 맛을 찾아내는 것, 그것이 방정환 선생이 생각했던 '말의 정신'일 것입니다.

은유와 우화성

다시 〈토끼의 재판〉으로 돌아가 다음 장면을 살펴보겠습니다. 사냥꾼들이 물을 찾아 자리를 비운 후, 나그네가 지나가다가 궤짝에 갇힌 호랑이를 꺼내 주면서 본격적인 사건이 펼쳐집니다. 말보다 행동을 중시하는 풍토였다면 당연히 쫓고 쫓기는 장면으로 연결되겠지만 여기서는 말로 이야기가 진행됩니다. 만약 시각적 사고에 익숙한 현대 관객을 대상으로 한다면 이때 행동하는 장면을 넣어 주는 것도 하나의 방법일 것입니다.

하지만 〈토끼의 재판〉은 '나그네가 문을 연즉 호랑이가 시원한 듯키 뛰여나와서 나그네를 잡아먹으려고 덤빈다'라고 하면 바로 나그네가 "아그머니, 이건 무슨 짓인가. 약속을 직히지 아니하고……" 하는 대사, 즉 말로 연결됩니다. 물론 한참 쫓고 쫓기다가 나무를 사이에 두고 대사를 하거나 나그네가 궤짝 위에 올라가서 대사를 할 수도 있겠지만, 이러한 구체적인 행동보다는 말로 장면을 연결하고 있습니다.

〈토끼의 재판〉은 궤짝에 갇힌 호랑이를 꺼내 준 나그네의 선행과 배가 고프니 나그네를 잡아먹겠다는 호랑이의 본성 사이에서 '도리'가 무엇인지를 따져 묻습니다. 사람이 사는 데 신뢰가 얼마나 중요한지를 묻고 있지요. '본성과 신뢰 사이에서 우리는 어떤 선택을 해야 할 것인가? 그리고 어떻게 하는 것이 바람직할까?' 하는 문제를 은유와 우화로 들려줍니다.

호랑이는 "그럼 재판을 하잔 말인가? 하세그려. 그러나 한 사람 말은 밋을 수가 업스닛가 세 사람만 한해서 뭇세"라고 하며, 자신과 나그네 중 누가 더 옳은지를 세 번을 물어서 결정하자고 합니다. 물론 이렇게 해야만 연극이 진행되겠지만, 이를 수용할 여유가 있던 당시 사회의 풍토도 느낄 수 있습니다. '삼세번'이란 말이 있습니다. 요즘은 '3판 2 선승제'가 우세지만, 얼마 전까지만 해도 그냥 세 번 해 보는 놀이가 많았습니다. 이렇게 그냥 세 번 하는 시합은 3판 2 선승제보다 조금은 여유롭지 않습니까. 현대인들의 속도감으로는 기다리기 힘든 상황일 수 있습니다. 하지만 현대와 같이 빠르게 움직이는 세상일수록 이처럼 시간을 늘려서 표현하는 공연도 필요합니다. 예술가는 시대가 요구하는 것을 따를 수도 있지만, 필요하다고 생각하는 것을 스스로 만들어 낼 수도 있어야 하니까요.

호랑이가 셋에게 묻자고 하지만 지나가는 사람이 없자, 나그네는 옆에 있던 나무와 길에게 호랑이와 자신 중 누가 옳은지를 질문합니다. 이는 극의 진행상 매우 경제적인 방법입니다. 밖에서 새 인물이 들어오면 그 인물에게 사건의 개요를 설명해야 합니다. 자칫 중언부언하면서 장면이 쓸데없이 길어질 수 있습니다. 하지만 현장에 있던 나무나 길에게 물으면 그런 수고를 할 필요가 없어집니다.

말을 하기 위한 글

〈토끼의 재판〉은 말맛의 결정체라고 할 수 있습니다. 말을 따라가다 보면 저절로 문제가 해결됩니다.

나무와 길이 호랑이 편이 되어 나그네가 호랑이에게 잡아먹힐 처지가 되었을 때, 마침 토끼가 지나갑니다.

> 나그네: 올치, 올치, 톡긔님. 톡긔님, 자네 재판 좀 해 주게. 이 호랑이가 이 괴짝 속에 갓처 잇난대 그것을 살려 꺼내 준 나하고 살려 준 나를 잡어먹으려는 호랑이하고 누가 올코 누가 글흔가, 응?
> 톡긔: (귀를 기우리고 한참 생각하다가 능청스럽게) 어- 엇더케 되엿서요? 알 수 업난 걸이요. 누가 갓치고 누가 그것을 살려 주엇서요? 그리

고 누가 누구를 잡어먹으려고……. 응- 당신이 이 호랑이를 잡어먹
으려고 해요.

나그네: 안-이요. 내가 호랑이를 잡어먹으려 그러는 게 아니라, 이 호랑
이가 이 괴짝에 갓처 잇난대 내가 살려 주엇서요.

톡긔: 네- 알앗슴니다. 그러닛가 이 호랑이하고 당신이 이 괴짝 속에 갓
처 잇섯슴니다그려.

나그네: 호랑이가 갓처 잇고 내가 지나가다 보닛가.

톡긔: 으-응, 호랑이가 지나다 보닛가.

처음에 한참을 생각한 토끼는 말을 돌리면서 잘못 들은 척합니
다. 그러자 듣고 있던 호랑이가 화까지 내면서 나섭니다.

호랑이: (갑갑한 듯이 화를 내고) 에에, 갑갑한 놈이로군! 원- 못난 놈이로
구나. 이 괴짝에는 내가 잇섯단다. 내가 잇섯어.

그래도 여전히 토끼는 그 말을 이해하지 못한 척을 합니다.

톡긔: 네- 그럿슴닛가. 호랑이 속에 괴짝이 갓처 잇섯어요.

토끼는 계속해서 상황을 잘 이해하지 못하는 척을 하면서 궤짝
이 작아서 호랑이가 들어갈 수 없다는 엉뚱한 말을 합니다. 화가

난 호랑이는 토끼의 술수에 꼼짝없이 걸려들고 맙니다. 어떤 상황이었는지 직접 보여 주겠다며 나선 것이죠.

> 호랑이: 헤헤, 답답한 놈이로군! 그래도 모르나? 천치 못난이 바-보 갓흔 놈아! 자아- 자세 보아라. 자아, 이 문을 열고 이러케 허리를 굽히고 이러케 드러가지 안니. 자, 자- 들어오지 안엇니? 알앗지.

호랑이는 스스로 궤짝에 들어갑니다. 호랑이가 "이 문을 열고 이렇게 허리를 굽히고 이렇게 들어가지 않니" 하고 말을 하면서 동시에 궤짝 속으로 들어가는 모습이 절로 연상됩니다. "이렇게 들어가지 않니. 자, 자- 들어오지 않았니?"에서는 시간성까지 느낄 수 있습니다. 말이 행동을 이끄는 데 그치지 않고 재미까지 줍니다.

이렇게 방정환 선생의 글을 읽다 보면 '글을 위한 글'이 아니라 '말을 하기 위한 글'이라는 것을 알게 됩니다.

혼자 하는 극 대본, 〈옹기 셈〉 외

〈토끼의 재판〉 이후 방정환 선생의 희곡은 더 이상 나오지 않습니다. 물론 《어린이》 잡지에 다른 작가들의 희곡은 계속 실리지만 방정환 선생의 희곡은 한동안 보이지 않습니다. 1926년 4월에 〈아버지〉라는 짧은 희곡을 발표하기도 했지만 이는 기존의 연극 개념에서 보는 희곡과는 크게 달라서 뒤에서 따로 살펴보겠습니다.

방정환 선생은 희곡 쓰기를 포기했던 것일까요? '아모나 하기 쉬운 연극'을 포기했던 것일까요? 아닙니다. '일반적인 희곡'의 관점이 아닌 '현대의 연극 개념'으로 보면 선생은 꾸준하게 희곡을 썼습니다. 다시 말해서 일반적인 희곡의 격을 갖춘 글은 쓰지 않았지만 '이야기하기 위한 글'은 계속해서 썼습니다. 이것을 저는 '극 대본'이라고 부르겠습니다.

그렇다면 일반적인 의미의 희곡 쓰기를 멈췄던 이유는 무엇일까요? 해야 할 일이 많던 중에 다른 사람들이 희곡을 쓰기 시작했으

〈옹기 셈〉

주요 등장인물: 해설, 팔달, 혹부리 영감, 독장수(주인)

내용 소개: 팔달이란 젊은이가 뒷집 혹부리 영감에게 스무 동이짜리 독을 사 달라고 부탁한다. 경험 많은 혹부리 영감에게 흥정 부탁을 한 것이다. 옹기전에 도착한 혹부리 영감은 먼저 열 동이짜리 독을 사면서 가격을 흥정한다. 그리고 주위를 한 바퀴 돌고 와서 스무 동이짜리와 바꾸는데 여기서 혹부리 영감의 괴이한 셈법이 나온다.

- 《어린이》, 1926년 3월호

니 선생은 다른 작업으로 옮겨 갔을 것이라는 게 일반적인 견해입니다. 하지만 이런 해석도 가능합니다. 당시 연극 만들기가 힘들었기 때문에 할 수 없이 '혼자 하는 연극'으로 방향을 바꾸게 되었다고요.

당시 연극 공연의 어려움

1980년대까지만 해도 '사전 검열'이란 제도가 있었습니다. 공연을 하기 위해서는 반드시 검열을 받아야 했지요. 공연할 대본을 공연윤리위원회에 제출하면 위원회에서 내용을 검열한 다음, 통과할 수 없는 부분에 '빨간 줄'을 쳐서 돌려보냈습니다. 검열받은 대본에서 빨간 줄이 쳐진 부분은 빼고 나머지 부분으로 공연을 했습니다. 그러니 이야기가 부드럽게 연결되지 않고 맥락이 안 맞는 경우도 많았습니다. 지금 생각하면 전혀 납득할 수 없는 일이죠. 그런데 일제 강점기에는 어땠을까요?

방정환 선생이 이야기판을 펼칠 때도 순검이 감시를 했다는데, 당시 검열은 공연을 만드는 사람들에게 큰 압박이었을 것입니다. 또 연극을 무대에 올리려면 여러 사람이 여러 날 모여서 여러 번 연습을 해야 합니다. 그것 자체도 쉽지 않지만, 전문 연출 개념이 확립되지 않은 상태에서 다양한 의견을 조정하는 것도 보통 힘든 일이 아니었을 것입니다.

게다가 그때는 지금과 같이 무대 배경으로 문만 세운다거나 막대기 몇 개로 숲을 표현한다거나 벽채(壁彩)를 생략하는 것과 같은 '상징적인 무대', '생략된 무대' 개념이 없었습니다. 방정환 선생은 '아모나 하기 쉬운 연극'을 만들자고 했지만, 막상 사실적인 그림을 그려서 무대 배경막을 만드는 것 또한 보통 힘든 일이 아니었을 것입니다.

〈옹기 셈〉으로 보는 극 대본 사례

이런 현실적인 문제들로 방정환 선생이 직접 연극 작업을 하기보다 동화 작업에 집중했던 것으로 생각하는 이들이 많지만 그렇지 않습니다. 물론 여러 동화를 쓰기도 했지만, 방정환 선생이 집필했던 많은 작품은 '혼자 하는 연극의 극 대본'이었습니다. 즉 모노드라마(솔로 퍼포먼스) 대본이라고 할 수 있습니다.

이러한 극 대본 사례를 〈옹기 셈〉에서 찾아보겠습니다. 〈옹기 셈〉은 《어린이》 창간 3주년 기념호인 1926년 3월호에 실린 이야기입니다. 다음은 그 이야기의 일부입니다.

에헴, 오날은 '어린이'의 깃븐 날이니 우스운 이약이 한마듸 할가……

옛날인지 지금인지, 팔달이란 젊은 사람이 뒷집 혹부리 령감님을 차저와서,

"뒷집 아젓시, 오늘 밧브지 안으심닛가?"

"웅, 별로 밧븐 일 업네. 왜 그러나?"

"집에서 물을 담어 둘 데가 업다고 물독을 하나 사 오라 하는대 제가 잘 살 줄 알아야지요. 아젓씨께서 갓치 가서서 하나 사 주십시오. '스므(二十) 동의' 드는 것을 사 오래요."

"웅, 그럿치. 처음 사는 사람이 사면 속여서 빗싸게 파는 법일세……. 내가 가서 싸재 사 줄 것이니 나만 따라오재. 스므 동의 드는 독이라지?"

두 사람이 나섯습니다. 동판 항아리 파는 옹긔전으로 가면서 혹부리 령감이,

"여보게, 물걸 흥정이란 잘하는 법이 따로 잇는 것이니, 자네는 입 담을고 아모 말 말고 보기만 하게……."

"네- 아모 말 안 할 터입니다."

약속을 단단히 하고 큰 행길 옹긔전에까지 왔습니다. 혹부리 령감이,

"여보 주인! 독 하나 삽시다. 열 동의 드는 독 하나에 얼마요?" 하는 고
로 팔달이가 열 동의 드는 독이 아니라 스므 동의 드는 독이라고 닐르
려 하닛가 령감이 "쉬-" 하고 말을 못 하게 합니다.

주인이 나와서 거긔 업허 논 독을 내놋코-

주: 네, 이것이 열 동의 드는 독이올시다. 3원 50전만 내십시요.

혹: 여보, 50전은 그만두고 3원에 파시요. 내가 사는 것도 아니고 저 사
　　람이 사 달라는 고로 싸게 사 주마고 여긔까지 다리고 온 것이니
　　3원에 파시요.

주: 그러면 밋지지만 3원에 드리지요.

그래, 혹부리 령감은 팔달이에게 3원을 밧어서 주인께 주고 열 동의 드
는 독을 사서 새긔로 떠메어서 작댁이에 꽤어 들고, 팔달이는 압흘 들
고 령감은 뒤를 들고 도라갑니다.

이 이야기를 오늘날의 극 대본으로 바꾸면 다음과 같습니다.

해설: 에헴, 오늘은 '어린이'의 기쁜 날이니 우스운 이야기 한마디 할
　　까⋯⋯. 옛날인지 지금인지, 팔달이란 젊은 사람이 뒷집 혹부리 영
　　감님을 찾아와서,

팔달: 뒷집 아저씨, 오늘 바쁘지 않으십니까?

혹부리: 응, 별로 바쁜 일 없네. 왜 그러나?

팔달: 집에서 물을 담아 둘 데가 없다고 '물독을 하나 사 오라' 하는데, 제가 잘 살 줄을 알아야지요. 아저씨께서 같이 가서서 하나 사 주십시오. '스무(20) 동이' 드는 걸 사 오래요.

혹부리: 응, 그렇지. 처음 사는 사람이 사면 속여서 비싸게 파는 법일세…… 내가 가서 싸게 사 줄 것이니 나만 따라오게. 스무 동이 드는 독이라지?

해설: 두 사람이 나섰습니다. 동판 항아리 파는 옹기전으로 가면서 혹부리 영감이,

혹부리: 여보게, 물건 흥정이란 잘하는 법이 따로 있는 것이니, 자네는 입 다물고 아무 말 말고 보기만 하게…….

팔달: 네, 아무 말 안 할 터입니다.

해설: 약속을 단단히 하고 큰 한길 옹기전에까지 왔습니다.

　　혹부리 영감이,

혹부리: 여보 주인, 독 하나 삽시다. 열 동이 드는 독 하나에 얼마요?

해설: 하는 고로 팔달이가 열 동이가 드는 독이 아니라 스무 동이 드는 독이라고 이르려 하니까, 영감이 "쉬−" 하고 말을 못 하게 합니다.

주인이 나와서 문 앞에 엎어 놓은 독을 내놓고−

주인: 네, 이것이 열 동이 드는 독이올시다. 3원 50전만 내십시오.

혹부리: 여보, 50전은 그만두고 3원에 파시오. 내가 사는 것도 아니고 저 사람이 사 달라는 고로 싸게 사 주마고 여기까지 데리고 온 것이니

3원에 파시오.

주인: 그러면 밑지지만 3원에 드리지요.

해설: 그래서, 혹부리 영감은 팔달이에게 3원을 받아서 <u>주인한테 주고</u> 열 동이 드는 독을 사서 새끼로 떠메어서 작대기에 꿰어 들고, 팔달이는 앞을 들고 영감은 뒤를 들고 돌아갑니다.

즉, 각 대사 앞에 말하는 인물의 이름을 쓰고, 말을 조금만 더 자연스럽게 다듬으면 이야기를 쉽게 극 대본으로 바꿀 수 있습니다. 더군다나 이 이야기 중간부터는 대사 앞에 인물의 이름이 적혀 있어서 이야기를 극 대본으로 바꾸는 작업이 어렵지 않습니다.

혼자 하는 연극의 극 대본

방정환 선생의 〈돈벼락〉이나 〈늦둥이 도적〉, 〈셈 치르기〉, 〈미련이 나라〉 등 셀 수 없이 많은 작품도 마찬가지입니다. 대사마다 등장인물의 이름을 표기하면 일반적인 '희곡'이 됩니다. 굳이 이렇게 이름을 쓰지 않았더라도 선생의 작품 대부분은 두 사람 이상이 서로 대화를 하며 이야기를 이끌어 가는데 이는 현대 소설에서도 많이 사용하는 방법이지요. 다만 방정환 선생의 작품은 기본적으로 이야기를 '들려주기' 위한 글이므로 소설에서 사용하는 기법보다도 훨씬 더 자연스럽게 '말'을 사용하고 있습니다.

　그런데 왜 선생은 이 이야기들을 '희곡'이라고 부르지 않았을까요? 당시의 기준으로는 '혼자 하는 연극'을 제대로 된 연극이라고 여기지 않아서였을 것입니다. 지금도 솔로 퍼포먼스를 엄격한 의미의 연극으로 보지 않는 사람이 더러 있습니다만, 대부분의 사람들은 이제 이것도 연극임을 의심하지 않습니다.

　그래서 방정환 선생은 이렇게 혼자 하는 연극을 일반적인 연극과 구분하여 '말로 하는 연기', '입으로만 하는 연극'이라고 하고, 당시에는 한문을 혼용하여 썼기 때문에 '구연(口演)'이라고 이름 붙였던 것입니다. 그러니까 말로, 입으로 연기하는 새로운 공연 형태, 새로운 장르를 개척했던 것이죠. 지금까지 사람들은 방정환 선생의 행위를 연극으로 보지 않았지만 사실은 매우 독창적인 연극을 했던 것입니다.

　방정환 선생이 이야기를 들려줄 때는 때로는 가냘픈 소녀처럼, 때로는 심술 맞은 사람처럼 보였다고 합니다. 이러한 감상평이 있는 것으로 보아 선생은 분명 전기사처럼 단순하게 책을 읽어 주는 것이 아닌 전문적인 '연기'를 했습니다.

　이는 서양 연극의 시작을 통해 살펴보면 더욱 분명해집니다. 서양 연극은 앞서 언급했듯이 그리스의 테스피스에 의해서 시작되었습니다. 테스피스는 직접 대본을 쓰고 무대에서 혼자 연기를 했습니다. 방정환 선생도 마찬가지였습니다. 이렇게 연극이 어떻게 출발했는지를 알고 나면, 방정환 선생이 썼던 많은 글이 '혼자서 연극하기 위한 극 대본'임을 확실하게 알 수 있습니다.

2.
방정환은
연기를
어떻게 했을까?

이야기극, 이야기로 연극하기

방정환 선생은 연극을 할 때 혼자서 여러 등장인물을 연기했습니다. 예를 들어 〈옹기 셈〉에는 '해설'과 '혹부리 영감', '팔달'과 '주인' 같은 다양한 인물이 등장하는데 혼자서 이렇게 다양한 인물을 연기하기란 쉬운 일이 아닙니다.

앞에서도 잠시 살펴봤지만, 방정환 선생이 이야기를 할 때는 체형이 조금 뚱뚱했음에도 불구하고 때로는 가냘프게 보이고, 때로는 심술궂어 보이기도 했답니다. 이것은 선생이 '구연'이라고 이름 붙인 것이 '고도의 연기력을 발휘한 하나의 공연'이었음을 의미합니다.

여기서 선생은 '해설'을 아주 유효적절하게 사용합니다. 해설을 통해 이야기를 전개하면서 장소나 상황 등을 알려 줍니다. 해설이 있기 때문에 〈노래 주머니〉나 〈토끼의 재판〉에서처럼 구체적인 무대 장치를 따로 하지 않아도 됩니다. 해설 하나로 이야기 배경이

유럽의 어느 나라가 되기도 하고, 깊은 산속도 됩니다. 장소를 간단하게 설명하는 방식 덕분에, 연극을 할 때 장치의 변화 때문에 고민하던 부분을 간단하게 뛰어넘었습니다. 시간적으로도 먼 과거가 되기도 하고 현재가 되기도 합니다. 때로는 '옛날인지 지금인지, 팔달이란 젊은 사람이……'로 시작하여 이야기의 시간성을 애매하게 만들어서 관객이 자유롭게 상상할 수 있게도 합니다.

이는 우리 전통극에서도 흔히 사용하는 방법으로, 이것이 가능하기 위해서는 관객과의 소통이 무엇보다 중요합니다. 이 소통은 관객과 무대(배우)의 믿음을 바탕으로 하는데 이 믿음은 배우의 '진실성'과 연결됩니다. 그래서 같은 이야기라도 누가 전할 땐 힘이 있게 들리고, 누가 전할 땐 귀에 들어오지 않는 것입니다.

진실되고 효과적으로 이야기 전달하기

어떻게 해야 방정환 선생처럼 이야기를 진실하게 전할 수 있을까요? 무엇보다 배우가 진정성을 갖고 관객에게 다가가야 합니다. 배우는 현장에서 직접 관객과 마주하기 때문에 이 '진실성'에 대해 깊이 생각하고 고민해야 합니다. 배우들의 내면적 진실에 대한 문제까지 여기서 다룰 수는 없지만 겉으로 드러나는 진실성은 생각해 볼 수 있습니다.

관객에게 진실성을 보이는 첫 번째 방법은 너무 과장하지 않는 것입니다. 과장하면 자칫 진실성을 놓칠 수 있기 때문입니다. 더 중요한 것은 꾸미지 않는 것입니다. 무엇보다 말을 꾸며서는 안 됩니다. 억지스럽게 꾸민 말은 처음에 호기심을 갖게 할 수는 있어도 결국에는 진실성에서 문제가 생깁니다. 글을 쓸 때도 너무 과장하거나 억지스러운 말을 사용하면 안 됩니다. 책을 읽어 주는 사람들도 책을 힘 있게 읽기 위해서는 먼저 그 내용에 공감하고 감동해야 합니다.

관객에게 진실성을 보이는 또 다른 방법은 배우 스스로 그 인물이 되어 상황을 이해하고 공감하는 것입니다. 재미를 찾으면 더욱 좋습니다. 다양한 인물을 표현하면서 느끼는 재미도 있을 것이고, 말을 자유롭게 하는 것에서 즐거움을 찾을 수도 있을 것입니다.

다음으로는 단순하게 이야기만 전하는 것이 아니라 직접 그 '인물(character)'이 되어 연기를 해 봐야 합니다. 그러면 단순한 흉내가 아닌 다음 단계를 경험하게 될 것입니다.

그런데 혼자 해설하다가 연기하고, 연기하다가 해설하면 자칫 극의 진행을 가로막거나, 인물 상황에 관객이 몰입하는 것을 방해하지는 않을까요? 그렇지 않습니다. 이것은 매우 효과적이고 경제적으로 연극을 진행하는 방법입니다. 앞서 말했듯이 해설을 통해 이야기 배경을 설명함으로써 무대를 만들어야 하는 부담을 덜 수 있었습니다. 또 한 사람이 여러 역을 하니 이것 또한 매우 경제적

일 수 있습니다.

예술의 완성도 면에서는 어떨까요? 이 부분만 잘 해결할 수 있다면 매우 유용한 공연 방법일 텐데요. 그런데 방정환 선생은 어려서부터 신파극 놀이를 즐겼습니다. 직접 극을 쓰고 연출하고 연기를 하면서 연극의 특징을 몸에 익혔습니다. 선생이 이야기를 들려줄 때 그 얼굴이 고운 색시 같았다거나, 오줌이 마려워도 중간에 자리를 뜨지 못해 옷을 적시는 어린이가 있었다는 에피소드들을 종합할 때 작품의 완성도는 의심할 여지가 없습니다. 더군다나 해설과 인물을 오가며 진행하는 방식은 관객의 이성과 감성을 동시에 자극하여 이야기를 관객 스스로 해석하고 의미를 찾게 하는 매우 유용한 극예술 기법입니다.

브레히트의 서사극: 동화작용과 이화작용

잠시 서사극에 대해 알아보려고 합니다. 서사극이라고 하면 독일의 유명한 극작가이자 연출가인 브레히트(1898~1956)를 떠올리게 됩니다. 브레히트가 했던 공연을 연극학자들이 '서사극'이라고 이름 붙였기 때문입니다.

브레히트는 1930년대에서 1940년대에 주로 작업했지만, 우리나라에 그의 작품이 알려진 것은 1980년대 후반에 이르러서였습니다. 그것은 브레히트의 작품이 노동자 중심이고 사회주의적인 색채를 띠고 있었기 때문입니다.

브레히트의 극에 서사극이란 이름이 붙은 이유는 무엇일까요? 일반적으로 관객들은 연극을 보면서 극 중 인물에 동화되어 감정을 이입합니다. 그 인물과 같이 상황에 공감하고 함께 울고 웃으면서 카타르시스를 느끼게 됩니다. 그런데 연극을 통해 어떤 메시지를 전하고자 한다면, 또한 관객들이 그 메시지를 스스로 해석하여 자신만의 의미를 찾게 하려면 이러한 소통 방법에는 한계가 있을 수밖에 없습니다.

그래서 브레히트는 관객들이 극 중 인물에 동화하는 것을 방해하기 위해 이야기 중간에 갑자기 조명을 바꾸거나 노래를 불렀습니다. 때로는 극의 흐름을 끊고 관객들이 생각할 수 있게 하는 장면을 넣었는데, 이것을 관객들이 극에 동화되는 것을 반대한다고 하여 '이화작용'이라고 한 것입니다. 배우가 무대에서 광합성 작용을 하는 것도 아닌데 무슨 동화작용이고 이화작용이냐고 할 수도 있겠지만, 또 극에 동화되어 카타르시스를 경험하게 하는 것이 극의 역할이라고 보는 사람도 있겠지만, 연극을 통해 관객 스스로가 균형 잡힌 생각을 하도록 도와야 할 때는 이 이화작용이 매우 효과적인 방법이 될 것입니다.

방정환의 이야기로 푸는 극

물론 방정환 선생이 브레히트의 서사극을 공부했다는 흔적은 찾을 수 없습니다. 이야기를 들려줄 때 해설과 인물을 오갔던 것은 선생 스스로가 찾아낸 방법일 것입니다. 이렇게 이야기를 '극'으로 전하면서 관객들이 이야기에 빠져들지 않고 스스로 생각하게 하는 것은 어떤 의미가 있을까요?

그것은 당시 시대상을 보면 알 수 있습니다. 일제 강점기에, 그것도 3·1 독립 만세 운동 이후에 대놓고 독립에 관한 구호를 외칠 수는 없었을 것입니다. 물론 어린이날 행진을 할 때 '우리는 조선의 새싹'이란 깃발을 들었으니 방정환 선생이 아슬아슬한 경계선에서 어린이 운동을 펼친 것은 사실입니다. 하지만 이야기로는 직접적인, 혹은 쉽게 유추할 수 있는 말을 하진 않았습니다. 다만 이야기를 통해 스스로 생각하는 힘을 길러 주었습니다.

방정환 선생이 정확하게 어떻게 연기를 했을지는 남아 있는 자료가 없어서 알 수 없습니다. 하지만 작품을 보면 어떤 방법으로 관객들을 만났을지 쉽게 상상할 수 있습니다. 해설을 통해 생각하고 객관적인 상태가 되는 이화작용과 극 중 인물에게 감정을 이입하는 동화작용을 적절하게 활용했을 것입니다. 극 중 인물은 이야기 속에서 기뻐하기도 하고 슬퍼하기도 하고 화를 내기도 하지만, 해설은 그러한 감정에서 빠져나와 극의 흐름을 전합니다.

〈남복이 차복이〉로 살펴보는 극작술

이러한 극작술은 현대에 와서 많은 어린이극에서 사용되고 있습니다. 극단민들레에서 공연한 〈남복이 차복이〉를 통해 알아보겠습니다. 다음은 남복이와 도깨비가 '복(福)'에 대해 이야기를 나누는 장면입니다.

장단에 맞춰 춤추며 퇴장했다가 다시 등장.

도깨비: 응, 네 말을 전해 드렸는데, 그게, 세상 복은 이미 정해져 있기 때문에 어쩔 수 없다시는구나.

남복: 복이 정해져 있기 때문에 어쩔 수 없다?

도깨비: 그래. 그러니 네게 복을 더 주려면 다른 사람 복을 빼앗아야 하는데, 그렇게 해 주랴?

남복: 그……그렇게도 되냐?

도깨비: 되고 안 되고는 다음 문제고, 그렇게 해?

남복: 나한테 복을 빼앗긴 사람은, 그 사람은 어떻게 되는데?

도깨비: 그걸 도깨비가 어떻게 알아? 어때, 다른 사람 복을 빼앗아 줘?

남복: 좀 나눠 달라고 하면 안 될까?

도깨비: 세상에 지 복을 나눠 줄, 그런 사람이 어디 있겠냐? 어디 한번 찾아봐라.

남복이는 관객들에게 복을 나눠 줄 수 없냐고 사정한다.

도깨비: 봐라, 줄 듯 줄 듯 하지만 선뜻 자기 복을 내놓는 사람은 없잖냐.

설혹 나눈다 해도 찌끄레기들뿐인데, 그걸로 도움이 되겠어?

남복: 아이고, 다른 사람 복을 빼앗을 수는 없고, 나눠 줄 사람도 없고.

아~!

(노래로) *내 복이 나무 석 단뿐이라니.*

나무 석 단. 나무 석 단. 나무 석 단!

그렇지! (남복의 얼굴에 살짝 웃음기가 돈다.)

도깨비: 엑케이! 그런 생각 마라. 네 복이 나무 석 단이니, 아무 일 안 해

도 나무 석 단은 저절로 얻을 수 있다? 그랬다간 그나마 있는 복도

다 사라진다. 아주 거렁뱅이 되지.

남복: 아니, 그걸 어떻게 알았지?

도깨비: 다 보인다, 다 보여.

남복: 오냐, 그렇다면 내 복에 만족하며 사는 방법을 찾아야겠구나.

도깨비: 암, 그래야지.

남복: (다시 노래)

내 복은 나무 석 단, 나무 석 단, 근근이 살 정도.

어쩌다 복이 터져 약초라도 찾으면, 그건 덤.

그래도 어쩌랴, 내 복은 나무 석 단, 초라한 복.

초라한 복이라도 가꾸고 살아야지, 고맙게 생각하며 가꾸며 살아

야지.

도깨비: 하하하. 내 이 말을 해 줄까 말까 했는데, 그분 말씀이, 네 마음 씀씀이가 돼먹었다고, 그동안 착하게 열심히 살았다고, 그래서 아 직 태어나지 않은 사람의 복을 빌려줄 수는 있다고 하시더구나. 아 직 태어나지 않은 아기의 복을 빌려주랴?

남복이는 잠시 망설인다.

도깨비: 싫으냐?

남복: 아니다. 그렇게라도 해 다오.

도깨비: 대신 남의 복을 빌리는 것이니, 주인이 나타나면 반드시 돌려줘 야 한다.

남복: 이자 쳐서 돌려드리마.

도깨비: 아니, 그렇게까지 할 건 없고, 다만 그 복을 잘 관리해서 그 사람, 복 임자한테 절대 해가 되는 일이 없도록 해야 한다. 만약 잘못되면 그 사람 복이 망가지는 것이니. 어때, 잘 관리할 수 있겠느냐?

남복: 이를 말이냐. 잘 관리해서 그분 복을 더 풍성하게 하겠다.

도깨비: 그렇다고 무턱대고 놔두기만 했다간, 되려 해가 될 수도 있으니 적당히 나누기도 해야 된다. 그래야 복이 덕이 되는 것이다.

남복: 복이 덕이 된다? 아, 복을 나눠 덕을 쌓는단 말이구나.

도깨비: 그렇지.

남복: 그런데 아직 태어나지 않은 그분은, 내가 복을 빌릴 분은 뉘시냐?

도깨비: 차복이.

남복: 차복이?

도깨비: 차복아, 차복아! 네 복을 빌려다오!

한바탕 춤을 추고 나간다.

배우: 차복이! 이렇게 해서 나무 석 단밖에 안 되는 복만 갖고 태어난 남
　　복이는 아직 태어나지 않은 차복이 복을 빌려 살게 되었어요. 그래
　　서 어떻게 됐냐고요? 어떻게 되긴? 잘됐지! 그다음부터 나무를 하
　　면 그게 다 남는 거라.

– 극단민들레, 〈남복이 차복이〉 공연 중 일부

〈남복이 차복이〉의 이 장면에서는 남복이와 도깨비가 서로 이
야기를 주고받은 이후 배우(해설)가 상황을 정리합니다. 여러 배우
가 등장해 서로 역할을 바꿔 가면서 이러한 형식을 취할 수도 있
습니다. 배우가 해설을 하다가 극으로 들어가고, 극에서 나와 해
설을 하다가 역할을 바꾸어서 인물이 되기도 합니다. 해설을 하
는 동안 관객은 객관적인 시각을 갖게 됩니다. 즉, 극의 흐름에서
떨어져 나오는 이화작용을 하는 것입니다. 하지만 곧 배우들이 극
중 인물이 되어 극을 진행할 때는 관객들의 마음이 그 인물에 동

화됩니다. 인물과 함께 기뻐하고 슬퍼하고 두려움을 느끼기도 하면서 동화되는 것입니다.

그런데 이러한 방법을 여러 명의 배우가 동시에 진행할 때는, 더군다나 인물까지 바꿔 가면서 진행할 때는 관객들이 극의 흐름을 쉽게 따라가기 어려워집니다. 이를 극복하기 위해 관객은 더 이성적인 뇌를 동원하게 됩니다. 마치 공연을 보면서 퍼즐 맞추기 게임을 하듯이 활발한 두뇌 활동을 일으키게 되는 것입니다. 작가나 연출자가 굳이 이러한 방법을 택하는 것은 연극을 통해 관객들의 감성을 자극하면서도 함께 생각해 보고자 하는 문제가 있어서겠죠. 감성을 통한 감동은 물론 이성을 통한 자각 효과까지 얻기 위함입니다.

이야기를 통해 스스로 해석하는 능력

다음에 이야기할 부분과도 연결이 되지만, 이렇게 해설을 등장시킨 서사극의 진행 방법은 장치나 의상의 변화 없이도 관객들이 극에 필요한 부분을 스스로 상상할 수 있게 하는 장점이 있습니다. 또 인물의 감정에 쉽게 동화되어 감정에만 치우치지 않게 해 줄 수도 있습니다. 다시 말해서 해설하는 동안 관객들은 감정에서 잠깐 떨어져 나와 이성적인 생각을 하게 되는 것입니다. 방정환 선생은 동화를 통해 어린이들의 감성을 건드림과 동시에 이성적 뇌를 자극하여 이야기가 끝난 뒤에 스스로 생각하고 해석하는 힘을 길러 준 것입니다.

방정환 선생이 이러한 방법을 택한 것은 어린이들에게 재미있는 이야기를 전하고 싶다는 의지와 함께 예술적 직감, 그리고 조국의 현실을 극복하고 싶은 마음 때문이었습니다. 그래서 재미있는 이야기 속에 숨은 의미를 어린이 스스로 찾게 했던 것인데, 일제에 의해 감시받고 탄압받는 상황에서는 의도를 숨기면서 뜻을 펼치는 방정환 선생의 이런 방법이 매우 유용했습니다. 당시의 현실적인 한계 때문에 직접적으로 내용을 전하는 것이 아니라 스스로 생각하고 깨닫게 했던 것입니다. '어린이가 행복한 나라'를 꿈꾸던 그가 당시 어린이들이 어떤 나라에서 살아야 행복할 수 있을지를 자신만의 방식으로 전달했던 것이었습니다. 이렇듯 방정환 선생이 말한 구연은 감성과 이성을 동시에 자극하는 극 형식으로 현대의 서사극보다 훨씬 더 쉽고 세련된 기법이라고 할 수 있습니다.

덧붙이자면 이미 살펴보았듯이 구연(口演)은 방정환 선생이 붙인 말로, 이는 한자를 혼용해 사용하던 당시 언어적 습관에서 최대한 우리말을 쓰고자 기울였던 노력으로 보입니다. 무대 용어인 상수와 하수를 좌편과 우편으로 고쳐 사용했던 사실에서도 미루어 짐작할 수 있습니다. 따라서 방정환 선생의 '구연'을 오늘날의 말로는 '이야기로 푸는 극'이라 하여 '이야기극'이라고도 부를 수 있을 것입니다.

오직 말의 힘으로 하는 연극

방정환 선생은 이야기를 들려줄 때 인형이나 그림 같은 도구를 사용하지 않았다고 합니다. 오직 '말의 힘'만으로 말맛을 살려 이야기를 전개했다고 합니다.

선생이 유학하던 당시 일본에선 '가미시바이' 즉, 그림 연극이 유행했는데, 액자 같은 틀에 그림을 넣고 그림을 바꿔 가면서 이야기를 전개하는 일본의 전통 책 읽기 방식입니다. 오늘날 스케치북에 그림을 그려 놓고 한 장씩 넘기면서 이야기를 들려주는 것과 비슷하다고 보면 됩니다. 메이지 시대의 책사들이 어린이들에게 제국주의 사상을 심어 주기 위해 '명작'이라는 이름으로 책을 만들면서, 당시 출판의 한계 때문이기도 하겠지만 책 내용을 그림 틀에 넣어 이를 보급했지요. 해설사는 어린이들에게 그림과 함께 이야기를 들려주었습니다. 진취적 사고를 갖게 한다고 주인과 하인 이야기, 정복 이야기들을 들려주었습니다. 이런 이야기를 들으며 자란 어린이들은 우월한 민족이 따로 있고, 식민지 지배는 당연하다고 생각하게 되었을 것입니다. 바로 그런 이야기를 들으며 자란 어린이들이 성인이 되어 우리나라를 강점한 것이고, 그 유산이 오늘까지도 우리 사회 구석구석에 남아 있으니 참으로 안타까운 일입니다.

방정환 선생은 일본 유학을 다녀오고도, 어린이 운동을 펼치면서도 이 방법을 사용하지 않았습니다. 그때도 어린이 운동에 대한 의지가 있었기에 분명히 가미시바이를 접했을 것으로 짐작할 수 있지만 선생이 이러한 방법을 사용하지 않은 것은 그림 연극을 통해 얻고자 하는 일본 정책 당국자들의 의도를 잘 알았기 때문이 아닌가 합니다.

말은 민족의 정신이라고 합니다. 그 시절의 소설가들이나 시인들의 글을 보면 우리말을 다듬고 또 다듬어서 썼던 것을 알 수 있습니다. 말을 지키는 것이 얼마나 중요한지, 말을 통한 상상력이 얼마나 중요한지 알았던 것입니다. 우리말을 쓰지 못하게 하고 오염시켰던 일제의 강압에 대항하는 방법이었습니다.

방정환 선생이 살아 있는 말을 통해 이야기를 전하려고 한 것은 글을 통해 민족의 얼을 지키려고 했던 당시 예술가들의 뜻과 맥을 같이합니다. 직접 내 입으로 우리말을 아름답게 사용하는 것! 선생은 공연에서 이 뜻을 어떻게 실천했을까요?

사실적 표현 vs 상상력

방정환 선생은 희곡 〈노래 주머니〉에 이 작품을 공연할 때의 의상과 분장 그리고 연기하는 방법까지 세심하게 당부해 두었습니다. 다음의 원문을 통해 해당 부분을 살펴보겠습니다.

상연할 때에

- 혹쟁이 김과 박의 의복은 얼른 보아도 다르게 다른 옷을 닙히고 하나는 감투를 쓰고, 하나는 갓을 쓰든지 하야 서로 다르게.
- 혹은 마분지나 유지를 몃 겹 배접을 하여 둥글게 맨들어 얼굴가티 칠을 하고 가는 실 누른 실로 고리를 맨들어 귀에 걸고 또 뺨에 닷는 대는 풀칠을 하게 하십시오.
- 독갑이는 누른 빗이나 푸른 빗 상하 내의를 닙고, 그 우에 그냥 허리에 검정 띠를 띠고, 팔둑과 다리도 검은 끈이나 헝겁으로 질끈질끈 동여매면 그만이요, 괴수는 그 우에 흑색 커다란 쪽끼를 하나 더 입히면 좃습니다.
- 독갑이의 얼굴은 불겅 칠을 하고 머리 우에는 마분지로 뿔을 맨들어 달고 수건 가튼 것으로 동여매면 됩니다. 그리고 눈가에 먹으로 테를 굵게 그리고 입도 크게 기려야 됩니다.
- 그중에 괴수는 구레나룻을 부치면 좃습니다.
- 보물은 아모것이나 보자기에 싸 가지면 됩니다.

- 노래는 곡조를 맨들어 이다음에 발표하겠습니다. 아즉은 하기 쉬운 곡조에 마춰서 하십시오.
- 누구든지 반듯이 앞을 향하고 안저야 됩니다. 그러지 안으면 말소리가 안 들립니다.
- 여자들끼리 해도 좃습니다. 더 우습습니다.
- 내용만 잘 안 후에는 말은 조금씩 달라도 관계치 않습니다. 자유롭게, 사실만 틀리지 안케 하십시오.

– 《어린이》, 1923년 4월호, 8쪽

이 내용을 지금의 눈으로 보면 다소 어설퍼 보일 수 있습니다. 의상도 허술해 보이고 분장도 어설퍼 보일 겁니다. 하지만 '어설퍼 보인다'는 지금의 눈을 의심해 보는 것은 어떨까요?

현대인들은 사실적인 표현에 너무도 익숙해졌습니다. 사실보다 더 사실적인 표현을 원합니다. 물론 그렇게 하면 실감은 더 나겠지만 상상력을 발휘하는 데에는 얼마나 도움이 될까요? 이런 의심은 하지 않고 사실적인 표현에만 집중하다 보면 그런 일도 생기곤 합니다. 한 TV 드라마에서 등장인물이 말에서 떨어지는 장면을 사실적으로 표현하기 위해 말에 밧줄을 묶어 촬영하다가 사고가 나서 말은 크게 다치고 스턴트맨도 부상을 입었다고 합니다. 물론 영상 작업에서는 사실적인 묘사를 하는 것이 연극 무대에서보다 훨씬 더 중요할지도 모르지만, 그 사실적 표현이 몰입도를 높일 수는 있으나 상상력을 자극할 수 있을지는 의심할 필요가 있습니다. 그것은 예술가가 어느 쪽의 가치를 더 중요시하느냐에 달린 것인데, 무조건 한쪽을 따르고 그것이 완성도라고 생각하는 것이 문제입니다.

이 상상력 문제는 어린이들의 장난감과도 연관 지어 생각해 볼 수 있습니다. 사람들은 장난감이라고 하면 흔히 완성된 장난감을 떠올립니다. 그래서 사실적으로 만든 장난감을 어린이들에게 선물합니다. 그 장난감을 받은 어린이들은 무척이나 기뻐하겠죠. 하지만 그 감동이 얼마나 지속하던가요? 반면, 장난감이 흔하지 않던 시절에는 소꿉놀이를 할 때 돌이나 나무, 깨진 기왓장, 그릇 조각 등을 가지고 놀았습니다. 그때는 미완성 장난감이 주는 감동을 어린이들이 알고 있었지요.

예술에서 '가짜의 힘'이 얼마나 중요한지 모릅니다. 그것이 환상을 선물합니다. 완성도를 높이는 것과 가짜가 드러나게 하는 것은 별개의 문제입니다. 방정환 선생의 글에서는 바로 이러한 '가짜'가 드러나는 모습을 볼 수 있습니다. 또한 가짜를 허용하는 여유 덕분에 아무나 할 수 있는 연극이 가능해집니다.

그런 의미에서 어린이들이 좋아하는 소꿉놀이는 매우 중요한 연극적 행위입니다. 소꿉놀이를 통해 역할 놀이를 하면서 그 인물이 되고, 상황을 만들고, 가상의 세계로 들어갑니다. 무한한 상상력이 펼쳐집니다. 말도 안 되는 상황이라도 거침없이 이어집니다.

상상이란 이런 것입니다. 가짜를 갖고 노는 힘이 얼마나 중요한지 실감할 수 있습니다.

방정환 선생이 〈노래 주머니〉에서 제시한 방안이 현대인들의 눈에는 어설퍼 보일지 몰라도, 이것이 상상력을 자극하는 방법이라고 생각하면 어떨까요? 여건에 따라 부족한 부분은 더 잘 만들면 될 것입니다. '내용만 잘 안 후에는 말은 조금씩 달라도 관계치 않습니다. 자유롭게, 사실만 틀리지 않게 하십시오' 하는 당부는 연극을 만들 때 너무 규범에 얽매이지 말라는 말씀입니다. 자유로운 환경에서 즐겁게 연극을 만들어 보자는 뜻입니다.

이야기에 따라 다양하게 연기하기

우리는 흔히 과장된 연기를 하거나 고정화된 인물(스틱 캐릭터)을 묘사하는 것을 비판합니다. 그렇지만 방정환 선생은 이 방법을 모두 사용해 연기했던 것으로 보입니다. 그럼에도 관객들이 감동할 수 있었던 힘은 어디에 있었을까요? 그것은 방정환 선생이 이러한 방법이 옳고 그르다는 선입견을 갖기보다 관객(어린이)을 사랑하는 마음과 진실성을 통해 전달하고자 하는 내용을 충실하게 전하려고 노력했기 때문이었을 것입니다. 다시 말해서 어떤 경우든 기능적인 문제에 집중하기보다 본질에 집중하는 것이 중요하다는 의미입니다.

방정환 선생은 어떤 이야기에서는 아주 우습고 과장된 표현을 사용합니다. 선생이 어려서부터 신파극 놀이를 했기 때문일 것입니다. 하지만 이것이 나쁘다거나 잘못되었다는 의미는 아닙니다. 이것 역시 하나의 표현 방법으로, 당시 관객들의 반응에 맞게 효과적으로 사용했을 것이기 때문입니다.

그렇지만 놀랍게도 대부분의 이야기에서는 적절하게 감정을 조절합니다. 이는 방정환 선생이 이야기를 글로 정리하는 과정을 거치면서 말과 감정을 정제했기 때문일 것입니다. 오늘날 우리가 방정환 선생으로부터 배워야 할 부분은 말을 다시 글로 정리하는 방법입니다. 이 부분은 뒤에서 다룰 '방정환 따라 하기'에서 자세히 다루겠습니다.

선생이 이야기극에서 사용했던 방법은 해설을 통해 이야기를 전개하고, 한 연기자가 여러 인물이 되어 감정과 정서를 전달하는 것이었습니다. 그럼으로써 단순히 재미에만 그치지 않고 의미가 될 수 있도록 노력했던 것입니다. 이를테면 '어린이 해방'을 이야기하면서도 어린이들에게는 그와 관련한 직접적인 표현을 하지 않았습니다. 이야기 속 의미를 되새김하면서 어린이 스스로 찾을 수 있다고 믿었기 때문에 가능했던 일입니다.

다음 글에서는 방정환 선생이 이야기에 따라 어떻게 다양하게 연기했을지를 〈느티나무 신세 이야기〉, 〈뛰뛰는 여관〉, 〈성냥팔이 소녀〉 작품을 통해 하나씩 살펴보겠습니다.

등장인물 되기, 〈느티나무 신세 이야기〉

방정환 선생의 〈느티나무 신세 이야기〉는 읽는 데만 30분가량이 소요되는 비교적 긴 이야기입니다. 글머리에 '이 이약이를 시골의 사촌 아우에게'라고 적혀 있는 것으로 보아 많은 곳에서 어린이들에게 들려주라는 의도로 쓰신 글이 분명합니다.

〈느티나무 신세 이야기〉는 이런 문장으로 시작합니다.

저는 느티나무올시다. 사랑하는 도련님, 아가씨님! 날이 차차 더워 오닛가 공부하시기가 대단히 어려우시지요. 아이그, 땀들이 펄펄 나십니다그려! 자아, 그 자리를 요 그늘 미트로다가 까르시고 둘러안즈십시오. 오늘은 날도 유난히 더웁고 하니 공부를 좀 쉬시고 내 신세 이약이나 할게, 좀들 드러 보십시오.

이야기를 들어 보니 관객들은 도련님, 아가씨님들이군요. 관객

<느티나무 신세 이야기>

주요 등장인물: 느티나무

내용 소개: 500년을 넘게 산 느티나무가 처음 세상에 나와 소한테 뜯겨 먹힐 뻔한 이야기, 심술궂은 아이가 함부로 느티나무의 허리를 꺾었던 이야기, 마음 착한 오누이가 막대기를 대고 느티나무를 지푸라기로 칭칭 감아 주어 다시 살게 된 이야기, 그리고 동네 떠꺼머리총각이 낫으로 나무껍질을 벗긴 이야기 등 살면서 고난을 겪었던 이야기를 들려준다. 특히 열 살 전후까지 아주 위험한 일을 겪으면서 살아온 이야기에는 어린이들이 비록 현실이 힘들어도 이를 잘 극복하면 좋겠다는 마음이 담겨 있다.

－《어린이》, 1929년 9월호

들은 자기가 앉을 방석을 미리 준비한 것 같습니다. 또한 '공부를 쉬고 이야기를 들어 보자'는 문장을 봐서는 읽히는 글이 아니고 들려주는 글인 것이 분명합니다.

방정환 선생은 이 이야기를 어떻게 연기했을까요? 먼저 '저는 느티나무올시다' 하는 말로 시작합니다. 주인공이 나무인 만큼 자리를 옮겨 가며 연기하기는 힘들었을 것입니다. 자리를 움직이면 나무라는 약속이 무너지게 될 테니까요. 게다가 이 나무가 500살이 넘었다고 하니, 크고 높은 소리를 사용하기는 힘들었을 것입니다. 한 자리에서 낮은 목소리로 연기를 해야 합니다.

그런데 움직이지 않고 차분한 말투로만 관객의 주의를 30분 이상 끌 수 있었을까요? 이 작품에는 선생이 어떻게 말로만 연기를 할 수 있었는지 그 단서가 많이 남아 있습니다. 차분하게 진행하면서도 감정과 속도의 변화를 적절하게 사용하여 관객들의 호기심을 붙들어 두었던 것이지요.

이야기는 다음과 같이 비교적 담담하게 시작합니다.

저는 아버지가 엇더케 되고 어머니가 엇더케 되고 또 우리 조상들이 엇더케 되었다는, 그런 래력은 도모지 모릅니다. 래력을 모르닛간 나무 중에도 상놈이라 할런지 모르지만, 모르는 거야 모른다고 해야지 별 수가 잇슴닛가.

그리고 생년월일도 자세한 것은 도모지 모르지만, 엇잿던 600살은 다 못 되엿서도 500살은 확실히 너문 것 가튼데, 그도 무엇으로 아는구 하니- 내가 채 열 살 될락 말락 한 어린 시절이엇섯는데, 어느 해 8월인 가 해서, 동리 늙으니들이 동리 아페 나와서 하는 말이 "리 장군이 군 사를 돌려서 최영 장군을 죽이고 상감님을 쫏차내고 님금이 되얏다지. 나라가 이러케 망할 수가 잇나" 하며 그중에는 눈물을 흘리며 울기까 지 하는 이가 잇는 것을 본 것만은 긔억이 아슴푸릇하니, 그게 지금으 로 생각하닛간 고려가 망하고 리태조께서 새로 나라를 세우던 때인 모 양인데, 그러닛가 500년 너문 것만은 확실하지요.

이 부분을 통해 〈느티나무 신세 이야기〉가 '글을 위한 글'이 아 닌 '말을 위한 글'임이 확실하게 드러납니다. '도무지 모르겠지만, 어쨌든'으로 이어지는 부분이나 '그도 무엇으로 아는가 하니, 내 가 채 열 살 될락 말락 한 어린 시절이었는데, 어느 해 8월인가 해서'와 같은 부분을 살펴보면 글로서는 다소 어색한 느낌이 듭니다. 하지만 소리 내어 읽다 보면 매끄러움 대신 자연스러움, 즉 말이 주는 정감을 느낄 수 있습니다. 한 문장으로 끊어지는 것이 아니라 말을 연결해 가기 때문입니다. '그중에는 눈물을 흘리며 울기까지 하는 이가 있는 것을 본 것만은 기억이 아슴푸레하니, 그게 지금으로 생각하니깐' 문장 역시 글로서는 다소 어색합니다. 그러나 인물이 과거를 회상하며 아련한 기억을 더듬듯이 말로 하게 되면 이 흐름은 오히려 자연스러워집니다. 다시 말해서 이 장면은 배우가 회상 장면을 연기하듯이 말로 이어 나가는 것을 염두에 두고 쓴 글입니다.

정서를 담은 글

그런가 하면 단락별로 정서가 달라집니다. 즉, 목소리 톤을 달리하고 있습니다. 다음 문장들을 살펴보겠습니다.

> 내가 맨 처음, 땅속에 꾹 처박혀 잇다가, 어느 해 봄인지 훗훗한 긔운이 내 여폐서 돌며 땅이 말랑말랑해지기에 이것 이상하다 하고, (중략)

> 이것은 두서너 살이나 되얏슬 때일런지, 봄철이 되야 뭇 초목이 새파

랏케 싹 날 때이기에- 나도 다른 동무들과 가티 석거서 나팔나팔 새 입 사귀를 피게 되엿섯는데 (중략)

이것은 그 후 한 3, 4년 지나서 일임니다. 나도 제법 몸이 커서- 회초리 가지가 바람이 불면 꽤 홍창홍창 흔들릴 만하게 되엿는데 (중략)

또 한 번은 이런 일이 생겻슴니다. 그것은 내가 열 살이 너머 제법 면목 이나 하게 컷슬 때인데, 봄도 다 가고 녀름이 되어서 몸에 피가 한창 돌 판이엿슴니다.

이 문장들은 느티나무가 막 태어났을 때와 두세 살이었을 때, 다시 3~4년이 지난 뒤, 열 살이 조금 넘었을 때의 일을 차례대로 이야기하고 있습니다. 문장마다 다른 톤과 분위기로 이야기를 들 려주었을 방정환 선생의 모습이 그려집니다.

다음 문장에는 태어나는 순간의 감동이 담겨 있습니다.

내가 맨 처음, 땅속에 꾹 처박혀 잇다가, 어느 해 봄인지 훗훗한 긔운이 내 여페서 돌며 땅이 말랑말랑해지기에 이것 이상하다 하고, 그려지 안 해도 갑갑하든 김에 머리를 쏙 내여노코 보니- 참으로 시원도 하거 니와 세상이 엇터게나 진기한지, 나는 그만 <u>소리를 꽥 질느고 시펏스나</u> 암만해도 소리는 안 나왓습니다.

'소리를 꽥 지르고 싶었으나' 부분을 읽고서는 잠시 말을 잇지 못했을 겁니다. 그 벅찬 감동을 바로 연결하기 힘들었을 테니까요. 하지만 목소리는 곧 쓸쓸해집니다. 감동에서 쓸쓸함으로 정서가 바뀝니다.

> 그래, 세상에 나오면서부터 한 해 두 해 외로히 외로히 커 나는데, 조흔 꼿치 피니 누가 나를 겻눈으로나 거들떠보겟슴닛가. 무슨 향기나 꿀이 잇스니 봄이 되면 덜나비 한 마리 벌 색기 한 마리 차저올 리가 잇겟슴닛가. 참- 처음 네댓 살까지는 그야말로 쓸쓸하게, 쓸쓸하게 커 낫슴니다.

그런데 다음 부분에서는 목소리 톤이 바뀝니다. 쓸쓸함에서 원망으로요. 아마 이 부분에서는 톤이 높아졌을 겁니다.

> 쓸쓸하나마도 그대로나 내버려 두엇스면 오히려 조케요. 참 위험하고 어마어마한 경우도 여러 번 치럿슴니다.

이제 소 이야기로 이어집니다. '소'와 '나(어린 느티나무)' 사이에 어떤 일이 있었는지를 설명합니다.

> 코를 씩씩 불며 냄새를 마터 보더니만, 다행히 소 임맛에는 맛지 안 햇

던지 뜯겨 먹키지는 안 엇지만- 그 대신 다른 풀을 뜨더 먹으랴고 슬슬 도라가는 판에, 그만 그 넙죽스름한 천근이나 되는 발굽에, 나는 밟피고 마럿습니다요. 아프고 엇저고 그만 정신이 까물해저서 한참 동안은 그대로 깡그러젓습니다. 그러다가 얼마 후에야 간신히 정신을 차려서 보닛가, 허리가 반절이나 부러젓겟지요.

이 문장을 보면 처음에는 상황을 천천히 설명하다가 소에게 밟히는 장면부터 비교적 속도감이 붙었을 것입니다. 소한테 밟히면 아무래도 차분할 수 없겠죠. 그리고 다시 정신을 차리는 부분은 아주 느린 속도로 이야기했을 겁니다.

다시 말해서 속도 변화로 완급을 조절하면서 자연스럽게 관객의 주의를 끌게 되는 것입니다. 다음과 같은 이야기를 통해 관객들의 긴장을 풀어 주면서 한편으로는 살짝 허풍도 떨어 볼 수 있겠죠.

그러나 워낙 뿌리가 튼튼햇기 때문에 얼마 안이해서 도로 회생은 되엿스나- 그때 일을 생각하면 지금도 정신이 앗질하고, 소만 보면 그때 놀낸 가슴이 지금도 울렁거립니다.

한 단락에 하나의 정서만 담는 것이 아니라 그 안에서도 다양한 변화를 주면서 이야기를 이어 나갈 수 있습니다. 이것은 '전문적인 배우의 영역에서 연기를 하고 있기에 가능한 일입니다.

　그러다가 열 살이 넘었을 때 떠꺼머리총각이 나무껍질을 벗겼던 장면으로 넘어가면 다음과 같은 격정적인 문장이 나옵니다. 이 부분에서는 목소리의 톤을 높이고 속도도 조금 더 빠르게 했을 것입니다.

　　아모리 무지막지하기로 글세 산 나무를 세여 노코 껍질을 그러케 벗겨 놀 심정이 어대 잇겟습닛가?

　그러고는 이내 다음과 같이 숨을 고르며 감정을 추스릅니다.

　　이거시 내가 오늘까지 살아오는 중에 제일 죽을 뻔하고 혼난 세 가지 일이고,

　'말을 위한 글'임이 가장 잘 나타나는 부분은 바로 다음 단락입니다.

　　그 뒤에는- 한 번 큰 홍수가 나자 이 동리 앞 냇물이 넘쳐 올라와서 사람, 짐승, 집채조차 떠내려가는 판에- 나도 어마어마한 생각은 낫스나 그때는 워낙 뿌리가 온통 널리 퍼젓기 때문에 큰 화를 안 당하고

'그 뒤에는- 한 번 큰 홍수가 나자' 부분을 살펴보겠습니다. 이 문장 자체로는 말이 안 됩니다. 잘못된 글일까요? 아닙니다. 앞의 정서와 연결을 시켜야 합니다.

태어나 열 살이 넘어 제법 컸을 때까지 힘들었던 이야기를 하고, 그 뒤에는 그렇게 힘든 일이 없었다고 생각하면서 말을 시작했는데, 문득 홍수나 가뭄으로 고생했던 일이 떠오른 것이지요. 다시 말해서 '그 뒤에는' 하고 이어서 '그렇게 큰일이 없었습니다' 혹은 '별 어려움 없었습니다'라고 말하려다가, 불현듯 홍수 사건이 떠오른 것입니다. 이러한 흐름으로 연결하면 오히려 유창하게 이어 나가는 것보다 이야기가 훨씬 생동감 있게 됩니다.

다음 문장으로 이어지면서 분위기가 매우 밝고 활기차게 전개됩니다.

> 그 세 번째 큰 화를 당한 후로, 내가 일생 중 제일 기쁜 마슬 처음 맛보기는, 어느 해 첫여름이엇습니다.

목소리 톤이 밝아지고 속도도 빨라집니다. 그러면서 아주 또박또박 말하기보다는 한 호흡에 기쁜 감정을 담아 연기합니다. 또박또박 읽다 보면 벅찬 감동을 제대로 전달하기 어렵습니다. 이 문장은 말 자체를 전하기보다 감동을 전하는 대목이므로 글자에 집중하기보다는 전체적인 느낌에 중심을 두는 것이지요.

이렇게 호흡과 속도, 정서에 변화를 주며 관객을 이끌다가 마지막 나그네 이야기에서는 측은지심을 일으키며 마무리를 합니다.

한번은 참 불상한 일이 내 눈 아래서 생겻습니다. <u>어듸서 떠드러 온 거러지인지는 몰라도</u>, 지극히 남루한 의복을 걸치고 겨울날 치운 때 벌벌 떨며 병든 몸을 간신히 끌고 거적 한 닙을 메고 내 밋헤 와서 신음 신음 하는데, 누구 하나 도라보아 주는 이는 업고 병은 더하고 날은 치웁고 해서 필경 그 거러지는 내 밋헤서 운명하고 마럿는데- 그 시톄조차 치여 주는 이가 업서서 그해 겨울을 아모도 모르게 눈 속에 고히고히 뭇 첫다가, 그 이듬해 봄에야 엇던 동리 사람에게 발견되얏으나, 누가 그 임자 업는 송장을 알드리 살드리 무더나 주겟습닛가.

'어듸서 떠돌아 온 거러지인지는 몰라도'부터는 모두 한 문장입니다. 굳이 문장을 나누지 않은 것은 그 감정을 계속 이어 가고 싶었기 때문입니다. '거러지'의 상태, 처지, 그리고 죽음과 시체가 발견되기까지의 시간 등……. 이렇게 긴 문장을 배우가 일상적인 호흡을 쓰지 않고 '끝숨'을 이어 가며 말하면 듣는 사람들에게 더 안타까운 마음을 불러일으킵니다.

그리자 그해에는 별안간 그 동리에 큰 괴질이 도라와서 사람이 죽고 알코 하는데, 동리 사람들은 그 거러지가 죽어서 원혼이 되야 가지고 이 동리를 망치러 든다고 야단야단이어서, 밥을 한다 떡을 한다 해 가지고 와서- 그 거러지 죽은 자리에 와서 무당굿들을 하고 별별 짓들을 다 하는데, 엇더케나 얄미운지, 손발을 움지길 수가 잇다면 단번에 그놈의 밥그릇 떡 그릇을 나는 그저 내리바서 노코 십헛슴니다.

이 부분도 한 문장에 긴 이야기를 담고 있습니다. 그런데 이 글에는 몹시 화가 난 감정이 드러나 있습니다. 끝숨을 활용해서 배우가 숨이 가쁜 상태로 대사를 하는 것은 앞부분과 같지만, 이 부분은 감정적으로 약간의 화를 담아 격정적으로 연기합니다.

그리고 사람들처럼 요사바사한 거슨 업다고 생각하는 동시에- 그 가엽시 죽은 거러지가 더 한층 불상한 생각이 나서 견딜 수가 업섯슴니다.

격정적인 순간이 지나면 다음은 이렇게 정서적인 표현으로 마무리하여 이야기를 끝마쳤을 것입니다.

과장해서 연기하기, 〈뜀뛰는 여관〉

　방정환 선생이 〈느티나무 신세 이야기〉를 연기할 때는 매우 절제되고 정제된 상태에서 목소리 변화에 중점을 두었을 것입니다. 그런가 하면 〈뜀뛰는 여관〉은 약간은 허풍을 가미해 연기했을 것으로 짐작됩니다. 직접 뜀뛰는 시늉까지 하면서 과장된 몸짓으로 연기를 했을 것입니다.

　〈뜀뛰는 여관〉은 〈느티나무 신세 이야기〉와는 달리 말속에 '움직임'이 있습니다. 따라서 행동하지 않으면 이야기를 펼쳐 나갈 수 없습니다. 앞서 예를 든 〈느티나무 신세 이야기〉와는 완전히 정반대의 연기가 필요했을 것입니다.

　내기를 뎡해 놋코는 로달드는 벙거지를 벗고 웃통을 벗고 나섯습니다. 여러 사람들은 눈이 둥글해저서 쭉 둘너서서 뛰기를 기다리고 잇섯습니다.

〈뜀뛰는 여관〉

주요 등장인물: 해설, 로달드, 여관집 주인

내용 소개: 떠돌이 광대 로달드가 3층짜리 여관집을 찾아 "여관보다 높게 뛰겠다"며 주인과 내기를 한다. 결국 내기에서 로달드가 이겼기 때문에 이 여관 이름은 '뜀뛰는 여관'이 되었다. 말이 주는 재미를 통해 '목적 없음의 가치'가 드러나는 작품이다.

– 《어린이》, 1924년 9월호

"자아, 지금 뜁니다. 하나 둘 셋!!" 하고 로달드는 뛰어올낫습니다.

이 장면에서 방정환 선생은 마치 로달드가 뜀뛰기를 하여 위로 뛰어오르듯이 몸을 솟구치는 시늉을 했을 겁니다. 또 긴장감을 만들어 내기 위해 "자아, 지금 뜁니다" 하고는 잠깐 숨을 멈추었다가 "하나 둘 셋!!" 하고 숫자를 세면서 뛰는 동작을 했을 겁니다. 선생의 말(글)에는 행동이 담겨 있으니까요.

주인 령감은 속은 것이 분하여 성을 내면서 "이 멀정한 밋친 녀석아, 뛰기는 무얼 뛰어. 어서 약속대로 목아지를 베여 내여라. 모가지를 베여 낼 수가 업스면 업드려서 개소리를 하면서 이 마당을 세 번만 도라라" 하고 달겨들었습니다.

그러나 로달드는 천연스런 얼골로 "아니, 나는 그만큼 뛰엿스닛가 이번에는 집이 뛰여 볼 차례닛가 집이 뛰여야지. 만일 이 집이 내가 뛴 것보다 더 놉히 뛰면 내가 지는 것이닛가 그때는 목아지던지 방긔던지 마음대로 가저가시요" 했습니다.

주인 령감은 눈이 둥글해저서,

"무어, 무얼 엇재? 자네가 이 삼층집보다 더 놉히 뛴다고, 그러지 안엇나?"

"그래요. 이 집보다는 더 놉히 뛴다고 햇서요."

"왜 이놈이 우스면서 움을쭘을 속여?"

"아니, 속이는 것이 아니라 처음부터 이 집보다는 놉히 뛴다고 햇스닛가- 집이 뛰여 보아야 알지 안느냐 말이요. 나는 어대를 가든지 집하고 뛰기 내기를 하여서 집에게 저 본 일은 없다오. 아하하하!"

그제야 여러 사람들은 속아 넘어간 줄을 알고 허리가 끈허지게 우섯습니다. 어린아해는 배를 쥐고 눈물까지 흘니면서 우섯습니다.

이 대목은 한 연기자가 두 인물로 바로바로 변하면서 아주 속도감 있게 진행해야 합니다. 방정환 선생이 혼자 했던 연극이니, 두 인물의 특징을 잡아서 순간적으로 인물을 바꿔 가며 대사를 주고받았을 것입니다. 가령 여관집 주인은 약간은 흥분한 상태에서 큰 목소리와 과장된 어투로 표현했을 것이고, 로달드는 느긋하고 여유로우면서도 크고 조금은 느릿한 몸동작으로 표현해서 두 인물의 대비를 줬을 것이 분명합니다.

이번에는 집이 뛰여 볼 차레닛가 집이 뛰어야지. 만일 이 집이 내가 뛴 것보다 더 높히 뛰면 내가 지는 것이닛가 그때는 모가지던지 방긔던지 마음대로 가저가시오.

로달드가 여관(집)이 뛴다는 엉뚱한 이야기를 할 때는 주인은 물론 관객들까지 '여관보다 높이 뛴다'는 말을 3층 여관의 높이보다 더 높이 뛴다는 의미로 받아들일 수 있도록 연기했을 것입니다. 관객이 착각할 수 있도록 과장된 동작까지 곁들이면서요. 말장난을 통해 말의 유희를 즐겼던 것입니다.

암울했던 시절이었기에 방정환 선생은 무엇보다 어린이들에게 즐거움을 주는 것에 신경을 썼던 듯합니다. 많은 이야기가 재미를 전하기 위해 쓰였으니까요. 이것에는 어떤 의미가 있을까요? 작품을 통해 중요한 의미나 교훈이 전달되기를 바라는 이들도 있습니다. 물론 그것도 필요합니다. 그러나 더 중요한 것은 '목적 없음의 가치'입니다. 이야기 속에 교훈을 넣고 목적을 담아내는 것만이 전부는 아닙니다. 어린이들이 자신들을 짓누르는 억압에서 벗어나 즐겁게 웃을 수 있는 시간을 주는 것만으로도 이야기는 가치 있지 않을까요?

방정환 선생이 특히 즐겼던 것은 '말의 묘미'였습니다. 선생뿐만 아니라 우리나라 사람들은 예전부터 그 말맛을 크게 즐겼던 것으로 짐작됩니다.

봉산탈춤의 '양반 과장'을 보면 말뚝이가 양반들을 세워 놓고 "노새원님을 끌어다가 등에 솔질을 쌀쌀하고 말뚝이님 내가 타고" 하고 말하는 대목이 나옵니다. 노생원님도 아니고 노새원님이라뇨? '노생원'인지 '노새'인지 모르는 중간 음을 사용해서 일반 백성들은 '노생원'으로, 양반들은 '노새'로 받아들이게끔 하는 말의 유희입니다.

안타깝게도 지금은 이러한 말맛을 내는 배우를 찾아보기 힘들고 그 맛을 즐기는 관객도 없으니, 우리말의 다양성이 그만큼 줄어들고 있다는 의미일 것입니다.

신파극을 활용한 연기, 〈성냥팔이 소녀〉

　방정환 선생의 이야기가 늘 우습고 즐겁기만 했던 것은 아닙니다. 감정을 자극하는, 아주 서정적이고 슬픈 이야기도 있었습니다. 〈성냥팔이 소녀〉와 같은 작품이 그 대표적인 예입니다. 이 작품은 《어린이》 창간호 제일 처음에 '안더-슨(안데르센)'의 명작동화로 소개됩니다.

　이야기는 다음과 같이 어두운 분위기로 시작합니다.

　무섭게 추운 밤이엇습니다. 눈은 자꾸 쏘다지고 밤은 점점 깁허 가는데, 이날은 일 년에도 맨 끝 섯달 그믐날 밤이엇습니다. 이러케 춥고 어두운 밤에 한 어린 소녀가 머리에는 아모것도 들느지 안코 벌거벗은 맨발로 눈 싸히는 한길을 아장아장 것고 잇섯습니다.

　벌서 아까 집에서 나올 때에는 헌 신발이나마 신고 잇섯스나, 그나마 돌아가신 어머니가 신으시든 것이엇슴으로 넘우도 커서 발에 맞지 안

〈성냥팔이 소녀〉

주요 등장인물: 해설, 성냥팔이 소녀, 동네 사람들

내용 소개: 1923년 《어린이》 창간호에 실린 안데르센 동화이다. 1년 하고도 맨 끝 날, 눈 내리는 길을 한 소녀가 맨발로 걷고 있다. 성냥을 하나도 팔지 못해 아버지에게 혼날까 봐 집에도 들어가지 못한다. 너무 추워서 몸이라도 녹여 보려고 성냥 하나에 불을 붙이니 따뜻한 난로가 보인다. 다시 불을 붙이니 음식이 놓인 밥상이 보이고, 그다음에는 예쁜 옷과 구두가 보인다. 다음에는 할머니를 만나는데…….

– 《어린이》, 1923년 3월호

는 것을 그대로 끌면서 다니다가, 아까 두 채의 마차가 몹시 빨른 속력으로 화닥닥 엽흘 지날 적에 급히 피하야 길을 건느는 통에 벗겨져 버렷습니다.

무섭게 추운 밤에서 당시 시대를 연상할 수 있습니다. 하지만 '일 년에도 맨 끝 섯달 그믐날 밤'이니 곧 밝은 미래가 다가오리라는 희망도 있습니다. '춥고 어두운 밤', '벌거벗은 맨발', '눈 싸히는 한길' 그리고 '한 어린 소녀'에서 눈물을 훔치는 사람들도 있었을 것입니다.

오늘은 온종일 이때까지 돌아다녀도 한 사람도 석냥을 팔아 주는 이가 업고 동전 한 푼 주는 사람도 업섯습니다. 배는 곱흐고 춥기는 하고, 가련한 소녀는 발발 떨면서 타박타박 것고 잇섯습니다.

이후에는 소녀의 고난을 이야기합니다. 듣는 사람들은 더욱 가슴이 아팠을 것이고 이미 손수건을 흥건하게 적신 사람도 있었을 겁니다. 그리고 할머니와 만나는 장면으로 조상, 즉 정서적으로 깊게 연결된 민족의 뿌리를 연상하는 이들도 있었을 것입니다.

이야기는 결국 소녀가 타다 남은 성냥을 손에 쥐고는 죽은 채로 발견이 되는 것으로 끝맺습니다.

> 춥고 쌀쌀한 새벽 먼동이 훤하게 밝아 올 때에 이 집 담 엽헤 소녀는 뺨이 불그레- 하고 입 모습에는 웃음을 띠운 채로 죽어 잇섯습니다. 새해의 아츰 햇빗은 이쪽으로만 죽엄을 환하게 비추엇습니다. 안즌 채로 고대로 죽어 버린 소녀는 죽은 후까지도 손에는 타다 남은 석냥을 들고 잇섯습니다. 그것을 본 사람들은, "가여워라, 이 석냥불로 몸을 녹이려햇고나" 하엿습니다. 그러나 그러케 아름다운 것을 보고 밝은 광채 중에서 할머님과 함께 새해를 마즌 줄은 아모도 아지 못하엿습니다.

이 이야기를 부정적으로 해석하는 사람도 있지만 그것은 드러난 문장만 봐서 그렇습니다. 방정환 선생의 연기까지 생각하면 '눈물을 통한 정화'를 넘어 '새날에 대한 희망' 그리고 '조상과 연결된 민족의 혼'을 느낄 수 있습니다. 그래서 소녀의 죽음이 절망이 아닌 희망으로 연결되는 것입니다.

방정환 선생은 이것을 알았기 때문에 《어린이》 잡지를 창간하면서 이 이야기를 제일 처음에 싣지 않았을까요? 그 당시, 춥고 배고픈 어린이들은 이 이야기를 들으면서 더 크게 공감했을 것이고, 눈물을 흘리면서 그 눈물 너머의 새로운 희망을 꿈꿨을 것입니다.

《별건곤》 1927년 2월호에 실린 안석주의 방정환 캐리커처. '몸집(을) 보아서는
목소리(와) 딴판'이라는 글귀가 적혀 있는데, 실제로 방정환 선생이 이야기를
들려줄 때는 때로는 가냘픈 소녀처럼, 때로는 심술 맞은 사람처럼 보였다고 한
다. 연극이나 연기에 대한 개념도 제대로 자리 잡혀 있지 않았던 시기에, 오로
지 어린이들에게 재미있는 우리 이야기를 들려주겠단 신념으로 독창적인 연극
을 했던 것이다.

3.
방정환은
극 대본을
어떻게 만들었을까?

극 대본은 중역이 아닌 새로운 창작이다

방정환 선생의 극 대본은 직접 공연하기 위해 쓴 글이고 어린이들에게 들려주기 위해서 쓴 글입니다. 그래서 글을 읽다 보면 저절로 '말'이 됩니다. 잡지에 실린 이야기를 어른들이 주변의 어린이들에게 들려주기를 바랐을 것입니다.

그런데 방정환 선생의 이야기들에는 원작과 조금씩 다른 부분이 있습니다. 이것을 단순히 실수라고 생각하는 이들도 있지만 그렇지 않습니다. 선생은 원작을 이해하고 그 이야기를 우리 상황에 맞게 다시 들려주었던 것입니다. 다시 말해서 굵직한 틀은 놓아두고 여기에 살을 붙여 가면서 이야기를 펼쳤습니다. 그러다 보니 때로는 원작과 다르게 이야기가 전개되기도 합니다.

게다가 '말을 하기 위한 글'을 쓰다 보니 문장이 매끈하게 맺어지는 것이 아니라 말에서 말로 계속 이어집니다. 그래서 만연체가 되기도 합니다. 이것을 중역 때문이라고 생각하는 사람도 있지만 오히려 들려주기 위한 이야기를 쓰는 선생의 글쓰기 특징으로 봐야 합니다. 선생은 원작에 충실하기보다 그 이야기를 우리 어린이들에게 어떻게 하면 재미있게 전해 주고 의미를 담아 줄 수 있을지를 고민했습니다. 그래서 안데르센이나 그림 형제 이야기인데도 마치 우리 옛이야기 같은 느낌이 드는 것입니다.

현대 우리말을 생각해 봅시다. 우리가 쓰는 말이 '말'인가요 '글'인가요? 이 질문이 당황스럽겠지만 현재 우리가 쓰는 말이 정말 '말'일지 생각해 봐야 합니다. 말의 기능을 단순하게 정보 전달에만 있다고 하면 어느 정도는 옳다고 할 수 있습니다. 하지만 정보를 전하는 것만이 말의 전부라고는 할 수 없습니다.

오늘날 우리의 말은 글을 읽는 수준에 머물러 있습니다. TV 뉴스를 보십시오. 생각보다 많은 사람들이 원고를 읽고 있습니다. 아니면 글을 말로 하는 것처럼 합니다. 정치인들의 연설을 보십시오. 원고를 읽습니다. '말'을 하는 사람이 별로 없습니다. 물론 글을 말로 표현한다는 것은 매우 어렵습니다. 훈련된 배우들도 몹시 힘들어하는 일입니다. 하지만 '말을 하는 것'이 단순히 '글을 읽는 것'에 그친다는 건 참으로 안타까운 일입니다.

오히려 글도 말처럼 쉬워야 합니다. 그래서 법정 언어를 누구나 알 수 있도록 쉽게 쓰자는 운동을 하고 있지만 세월이 지나도 나아지지 않고 있습니다. 어디서나 쉬운 우리말을 쓰자고 하면서도 실제로 그런 일을 하는 것은 쉽지 않으니까요. 그것은 어려운 말로 보통 사람들이 접근하기 어렵게 하고, 멋져 보이는 단어나 외래어를 쓰면서 자신을 뽐내려 하기 때문은 아닐까요? 이것은 말의 참다운 기능이 아닙니다.

우리말을 쉽고 아름답게 쓰는 것이 중요합니다. 방정환 선생의 글에는 바로 이러한 정신이 있습니다. 글을 위한 글이 아니라 말을 옮겨 놓은 글, 그래서 자연스럽고 아름다운 글을 쓰신 것입니다. 글을 읽으면 저절로 말이 되는 글을 쓰신 겁니다.

오늘날 우리말은 크게 오염되고 있다고 합니다. 이를 바로잡기 위해서 방정환 선생의 글과 말, 특히 '말맛'을 살펴볼 필요가 있습니다. 아니, 여기서 답을 찾으려고 해야 합니다. 방정환 선생의 글을 읽으면 글이 말이 되는 감동을 느낄 수 있습니다. 그 경험을 나누는 작업도 해야 합니다. 이러한 경험이 있어야 쉽고 아름다운 우리말을 사용할 수 있고, 그런 글을 쓸 수 있습니다.

방정환 선생의 글과 말에서 오염된 우리말을 바로잡을 방법을 찾을 수 있을 것입니다.

출처를 밝히고도 전래동화가 된 글, 〈의좋은 내외〉

　방정환 선생의 〈의좋은 내외〉는 말머리에서 '世界名作童話, 재미 잇는 이약이, 모다 와서 드르십시오' 하고 세계명작동화임을 밝힌 다음 '-六四, 三, 七 안더-슨 集에서-'라고 하여 안데르센의 동화라고 밝히지만, 곧 우리 옛이야기를 듣는 것처럼 구수해집니다. 여기서 주목할 부분은 '들으십시오'라는 대목입니다. 이 글을 읽을 때는 귀로 잘 듣고 상상도 해 보라는 뜻이니, 당연히 말을 하기 위한 글임을 알 수 있습니다.

　이야기는 다음의 문장으로 시작합니다.

　이번에는 내가 어렷슬 때 드른 이약이를 하나 하지요. 나는 이 이약이를 생각할 적하마다 점점 더 자미가 나아지는 것 가튼데, 아마 이약이도 나희가 늘어 갈수록 맛이 더 생기는 것인가 봄니다.

〈의좋은 내외〉

주요 등장인물: 해설, 남편, 아내, 장수들, 부자들

내용 소개: 남편이 말을 팔고 썩은 능금(사과)으로 바꿔 온다. 이 이야기를 들은 부자들은 부인에게 크게 혼날 것이라며 남편과 내기한다. 하지만 말을 끌고 나간 남편이 썩은 능금을 가져왔는데도 부인은 참으로 잘했다고 칭찬을 해서 남편이 내기에 이긴다.

– 《부인》, 1923년 5월호(통권 제11호)

이야기가 진행되면서 암소에게 우유를 얻을 수 있다거나 양과 거위 같은 동물이 등장하는 대목은 우리 생활과 비추어 볼 때 낯설게 느껴질 수 있지만 이야기는 계속 우리 옛이야기처럼 진행됩니다. 그러니까 말하고 소를 바꾸고, 다시 소하고 양을 바꾸고, 양하고 거위를 바꾸는 과정은 원작을 따라가지만, 이야기를 푸는 방법은 방정환 선생의 식대로 했던 것입니다.

무엇보다 이야기 마지막에 부인한테 설명하는 대목에 가서는 유연한 말 잔치가 펼쳐집니다. 다음과 같이 말이지요.

"엇더케 그러케 속히 오셧소?"

"긔어코 그 말을 밧구어 가지고 왓지."

"잘 밧구엇소. 밧구는 것이 데일 낫지. 당신이 하는 일에 낭패 업스닛가……"

"그 말을 주고 소를 밧구엇지."

"그것 잘하섯구려. 우유도 먹고 밧도 갈고."

"그런데 그 소를 또 양하고 밧구엇지."

"그거야말로 참 잘하섯소. 당신이 하는 일은 일쌍 그러케 잘하여- 양이면 먹일 것도 싸엿고 또 양젓은 쇠젓보다도 조탑되다."

"그런데 그 양을 또 거우하고 밧구엇지."

"거우? 엇더캐 그러케 당신은 정신도 조쿠려. 거우는 고기를 먹기도 조커니와 물에 띄여 노면 조켓다고 내가 그랫더니, 그것을 닛지 안코 구해 오섯구려. 그럼 우리 그것을 끈으로 매어서 웅덩이 물에 놀게 합시다."

"그런데 그 거우를 또 암닭하고 밧구엇지."

"으웅? 암닭하고 밧구엇서요? 그것은 거위보다도 더 조치 안소? 암닭이면 날마다 알을 날 것이고, 그 알을 또 까면 병아리가 생기고, 그러면 닭의 집을 지여 주고…… 그런 자미스런 일이 어대 잇겟소. 나는 벌서부터 그래 보앗스 하고 잇섯섯는데."

"그도 그러치만 암닭을 또 썩은 능금하고 밧구엇지."

"아이고, 엇더케 하면 그러케 아는 것가티 잘 밧구어 왓소. 마침가락이구료. 이것 보시오……."

이 대목에서 중요한 것은 원작이 외국 이야기임에도 자연스러운 우리 옛이야기 같은 느낌을 준다는 것입니다. 문장에 '만담'이 담겨 있기 때문이지요. 1960년대까지만 해도 우리나라에는 말을 가지고 놀이하듯 하는 만담이 널리 퍼져 있었습니다.

연극, 우리말의 최전선에 서다

외국 이야기를 번역하더라도 자연스러운 우리말을 사용해야 한다는 것은 너무도 당연한 일입니다. 그런데 언제부터인가 우리말이 문자에 갇히고 말의 자연스러움을 잃게 되었습니다. 이는 학자들이 더 연구할 문제지만, 1970년대와 1980년대에 우리 안방을 지배한 '외화 더빙'이 큰 몫을 차지했다고 봅니다. 외국 콘텐츠를 번역해 들여오는 과정에서 만들어진 우리말 같지 않은 우리말, 그럼에도 그 말들이 우리말보다 대접을 받던 당시의 문화 풍토가 중요한 원인 중 하나였을 것입니다.

또한 최전선에서 우리말을 가꿔야 했던 연극인들의 책임도 큽니다. 번역극이 주를 이루면서, 번역된 문장이 우리말로 체화되기 전에 우리말보다 더 대우를 받으며 무대를 점령한 탓도 있습니다. 그러니까 연극이나 텔레비전을 통해 번역극 투가 생긴 것입니다. 지금도 일부 연극에서는 이러한 잘못을 반복하고 있습니다. 그것이 마치 이국적인 맛이라고 생각할지도 모르지만 무대는 우리말의 '말본' 역할을 해야 함을 생각할 때 참으로 안타까운 일입니다. 심각한 건 전문가라는 사람들이 의식 없이 재미와 관객의 호응만을 좇으면서 우리말을 오염시키고 있다는 것입니다. 다시 말하지만 연극은 우리말의 최전선에 있기 때문에 연극하는 사람들이 우리말에 대한 소명 의식을 가져야 함은 아무리 강조해도 지나치지 않을 것입니다.

어떤 사람들은 우리말의 모본, 즉 본보기가 되어야 할 이들이 왜 아나운서가 아닌 연극인이냐고 물을지도 모릅니다. 하지만 아나운서의 말은 인간의 정서까지 전하기 어렵습니다. 더군다나 이들로부터 '글자로 말하는' 습관을 들이면서 장단음은 물론 많은 음가(音價)가 사라지고 말았습니다. 우리가 영어를 처음 배울 때는 입 모양, 혀 모양을 살피면서 '어(ə)'와 '어(ʌ)'를 구분하려고 애를 씁니다. 그런데 우리말을 할 때는 이런 노력을 전혀 하지 않습니다.

그러다 보니 현대인들은 몸이 아프면 박테리아를 찾아가는 것이 아닐까요. 무슨 말이냐고요? 요즘 사람들이 흔히 짧게 발음하는 '병원'은 아플 때 찾아가는 병원(病院)이 아닌 병원(病原), 즉 병균이나 박테리아를 말하는 것입니다. 아플 때 찾아가는 병원의 '병' 자를 말하려면 약간 '으' 발음을 섞어 조금은 길게 발음하는 '여'로 말해야 합니다. 한글학자 이극로 선생이 1920년대 프랑스에 가서 녹음한 말본을 들어 보면 특히 '어'와 '여'의 표준 음가를 어떻게 해야 할지 잘 알 수 있을 것입니다.

장단음의 경우도 마찬가지입니다. '법에 어긋나다'는 의미의 '불법(不法)'을 말할 때는 '불'을 짧게 발음하고, '부처의 교법'을 의미하는 '불법(佛法)'을 말할 때는 '불'을 조금 길게 발음합니다. 이러한 구분 없이 빠르게 말하면 장음으로 말해야 할 단어를 단음으로 발음하게 됩니다. 단순하게 장단음만 구분하는 것이 전부는 아닙니다. 이 말에는 과거 성조(4성) 중 '상성'에 해당하는 음이 남아 있으니까요. 그러나 현대에는 아나운서나 연극인 중에도 성조는 고사하고 장단음도 구분하지 못하는 이들이 있습니다.

우리말을 우리말답게 지키는 것, 이것이 방정환 선생이 말로 이야기를 전하려고 했던 이유이자 정신입니다. 선생은 세계명작동화, 안데르센의 이야기를 전할 때도 살아 있는 우리말을 사용했습니다.

다음 대목은 가능하면 소리 내어 직접 읽어 보기를 추천합니다. 말을 썩은 능금과 바꿔 온 남편에게 아내가 해 주는 말로 시작합니다.

"이것 보시요. 앗가 당신이 돌아오면 맛잇는 음식을 잡숫게 해 들이려고 양렴을 맨들려닛가 마침 파가 하나도 업구료. 그래서 하는 수 업시- 요 넘어 학교 선생의 집 밧해는 파를 만히 심은 것을 보앗기에, 그 집에 가서 파를 족음만 꾸어 달라고 아니 햇겟소. 그랫더니 그런 인색한 인심이 어대 잇소. 그 대답이 '아이그, 꾸어 드리는 게 무어요. 우리 집 밧해는 파 한 뿌리커녕 썩은 능금 한 개도 업소' 이러겟지요? 인제는 이러케 썩은 능금이 만히 생겻스닛가 썩은 능금 한 개 업다는 선생의 집에

108

얼마든지 꾸여 줍시다. 아이그, 이러케 깃븐 일이 어대 잇소. 엇더케 하면 고러케 아는 듯키 잘 가지고 오오. 참말이지 당신의 하는 일에는 낭패는 업서요" 하면서 엇더케 깃버하는지, 춤이라도 출 듯이 즐거워하엿습니다.

그것을 보고 잇던 부자 두 사람도 마나님만치나 깃버하면서 "참말 오늘은 조흔 것을 배워서 더할 수 업시 깃겁습니다. 돈이 아모리 만한들 이러케 깃븐 수가 잇겟습닛가. 우리는 당신 두 분께 재산을 모다 들여도 앗갑지 안습니다" 하고 가진 돈을 쏟아 노핫습니다.

딴은 이럿코야 "당신의 하는 일에는 낭패가 업지요."

이 얼마나 유연하게 흘러가는 우리말입니까!

출처를 잃은 글, 〈선물 아닌 선물〉

이번에는 《어린이》 1924년 2월호에 실린 〈선물 아닌 선물〉을 살펴보겠습니다. 〈선물 아닌 선물〉도 외국 이야기를 가져온 것이지만, 방정환 선생은 등장인물의 성까지 바꿔서 아예 우리나라 사람으로 만들어 이야기를 시작합니다. 이야기를 엮다가 원전을 잊었던 것은 아닌가 싶습니다. 〈의좋은 내외〉를 발표할 때는 안데르센의 이야기라고 밝혔지만 〈선물 아닌 선물〉은 그냥 '자미잇난 이약이(재미있는 이야기)'로만 표시를 했습니다.

앳날 어느 나라에 몹시 마음이 착하고 인정 만흔 사람, '안 씨'라는 이가 이섯습니다. 착하고 인정이 만흔 그만큼 복이 만하서 엇더게 큰 부자엿던지 그 가진 보물이든지, 날마다 흔히 쓰는 돈이든지, 크고 훌륭한 집이든지, 무엇이든지 그 나라 임금님보다도 더 굉장한 것 갓햇습니다.

<선물 아닌 선물>
주요 등장인물: 안 씨, 임금, 딸
내용 소개: 임금은 부자로 소문난 안 씨를 시샘하여 "사흘 안에 낮도 밤도 아닌 때에 옷도 아닌 옷을 입고 말도 아닌 말을 타고 선물 아닌 선물을 가져오라"고 명한다. 안 씨는 이 문제를 해결할 수 없어 고민하다가 병이 들고 만다. 그러자 열세 살(원전에는 열두 살)짜리 딸이 대신 임금이 내린 문제를 멋지게 해결한다.
– 《어린이》, 1924년 2월호

　특히 흥미로운 부분은 안 씨의 딸 나이입니다. 원작에는 소녀의 나이가 열두 살로 되어 있는데, 선생은 열세 살로 바꿔서 이야기를 들려줍니다. 왜 굳이 소녀의 나이를 바꾸었을까요? 그렇죠. 서양에서는 만 나이를 쓰기 때문입니다. 소녀의 행동이 열두 살짜리라고 보기에는 당시 우리 관객들에게 어색하게 느껴질 수 있다고 생각해서 열세 살로 바꾼 것입니다.

　임금은 안 씨의 재산을 빼앗으려고 "낮도 밤도 아닌 때에 말도 아닌 말을 타고 선물 아닌 선물을 가져오라"고 명합니다. 아무도 이 숙제를 풀지 못해 끙끙 앓고 있는데 안 씨의 딸이 그 방법을 찾았다며 나섭니다.

　그런데 그날 아츰에 안 씨의 외딸 열세 살 된 소녀가 자긔 방에서 튀어나와서 아버님 방으로도 뛰여가드니, "아버님, 제가 잇흘 동안 그 생각을 하다가 이제 조흔 꾀를 생각하엿사오니 아버지께서는 인제 렴려마시고 이러나서서 긔운을 차리십시요" 하고 시원스럽게 나섯습니다.

여러분, 이 귀신도 행하지 못할 어려운 문데를 열세 살 먹은 소녀가 엇더케 해결하엿겟슴닛가? 이 이약이의 끗을 듯기 전에 (책장을 덥고) 생각해 보십시요.

그러고는 해가 막 졌을 때 찾아갔으니 '낮도 밤도 아닌 때'가 되었다고 하고, 그물로 만든 옷을 입고 가서 '옷도 아닌 옷'이라고 합니다. 그리고 노마(당나귀)를 타고 갔으니 '말도 아닌 말'이 되지요. 마지막에는 임금에게 눈을 감아 보라고 하고 손에 작은 새를 쥐여 주고는 다시 손을 펴게 합니다. 그러니까 새가 날아가고 말겠지요. 그래서 '선물 아닌 선물'까지 바치게 됩니다. 결국 임금은 안 씨를 찾아 잘못을 사과하게 됩니다.

방정한 선생의 글을 읽다 보면 선생의 작업 방식을 유추할 수 있습니다. 앞에서도 잠깐 언급했지만, 선생은 원작을 이해한 뒤 그 핵심적인 틀 안에서 자연스러운 우리말로 이야기를 전했습니다. 이러한 방법을 사용한 흔적이 '이 이야기의 끝을 듣기 전에 (책장을 덮고) 생각해 보십시오'라는 대목에 잘 나타나 있습니다. '책장을 덮고'라는 것은 이야기를 들려주는 사람이 지금부터는 책을 보지 않고 이야기를 펼친다는 의미입니다. 그러다 이야기가 조금 다르게 전달될 수도 있지만 선생은 큰 흐름을 이해하고 있다면 이야기가 조금 달라져도 된다고 생각했던 것입니다. 오히려 이야기를 전하는 사람이 책을 읽듯이 하지 말고 자연스럽게 말을 들려주라는 의도로도 해석됩니다.

혹은 이런 해석도 가능합니다. 이 이야기를 듣는 관객들에게 잠시 생각할 시간을 줘서 스스로 답을 찾기를 바랐던 의도였다고요. 어린이 관객들이 이야기를 수동적으로 듣기보다는 자신이 이야기 속 소녀라면 어떻게 대처했을지 직접 생각해 보기를 바랐을 것입니다. 그런 능동적인 듣기를 통해 어린이들은 상상력과 상황 대처 능력을 기를 수 있었겠죠.

이처럼 방정환 선생은 원작의 출처나 세세한 설정을 중요시하기보다는 우리 어린이들에게 그 이야기가 더 잘 와닿고, 그럼으로써 어린이들의 몰입감을 높여 이야기 자체를 즐길 수 있도록 하는 것에 주의를 기울였던 것으로 보입니다.

출처를 두고 새로 쓴 글, 〈시골 쥐의 서울 구경〉

〈시골 쥐의 서울 구경〉은 이솝 우화입니다. 하지만 방정환 선생의 이 작품은 이솝 우화에서 모티브만 가져와 완전히 새로운 이야기로 재창작되었습니다. 물론 선생의 이야기는 때에 따라 토씨 하나하나까지 그대로 옮겨 올 때도 있지만, 대부분은 우리나라 실정에 맞게 이야기를 펼치는 방법을 택했습니다.

〈시골 쥐의 서울 구경〉은 시골 쥐가 도시에 올라와 겪는 일을 담은 이야기입니다. 선생은 원작 속 도시를 당시의 경성(서울의 전 이름) 상황에 맞게 바꾸었습니다. 그러니까 원작을 번역해서 그대로 전하는 것이 아니라, 내용을 잘 파악한 다음 당시의 우리 어린이들이 쉽게 공감할 수 있도록 이야기를 다시 꾸민 것입니다.

어떤 사람들은 무대 위에서 이뤄지는 배우의 연기를 '외워서 말하는 것'이나 '흉내 내는 것'이라고 생각합니다. 배우는 일종의 껍데기이고, 작가가 써 놓은 대사를 단순히 외워서 말하는 사람이라고 생각하는 이들도 있습니다. 이는 배우에 대해 잘 몰라서 하는 말입니다.

배우는 작가가 써 놓은 글을 외워서 말로 뱉어 내는 사람이 아닙니다. 배우는 작가의 의도를 이해하고 자기 안에서 녹인 다음 상황 속 인물이 되어 말을 해야 합니다. 그 인물이 되어 무대에서 행동합니다. 매 순간 그렇게 되는 훈련을 해야 관객과 만날 수 있습니다. 그러니까 배우는 연극(이야기)에서 껍데기가 아니라 가장 본질에 가까운 존재라고 할 수 있습니다. 방정환 선생은 배우의 이러한 역할을 누구보다 잘 이해했고, 이야기를 전달할 때도 이런 방식을 적용했습니다.

방정환 선생은 이야기 소재를 가리지 않았습니다. 안데르센, 그림 형제, 이솝 우화는 물론 〈아라비안나이트〉까지 어린이들에게 들려주고 싶은 이야기는 무엇이든 가리지 않았습니다. 다만 그것을 우리말로 녹여서, 번역 투가 아니라 살아 있는 우리말로 자연스럽고 재미있게 전해 주려고 노력했습니다.

그렇다면 우리말로 외국의 이야기를 자연스럽게 전하기 위해 어떤 방법을 사용했을까요? 먼저 전체 이야기를 이해하고 핵심적인 이야기, 즉 중심 사건을 배치해 놓은 다음 새로운 이야기를 창작하듯이 써 내려갔습니다. 그러다 보면 아무래도 원작과는 조금씩 내용이 달라질 수도 있는데, 그것은 들려주고 싶었던 내용이 꼭 원작 그대로일 필요가 없었기 때문입니다.

이러한 글쓰기는 옛이야기가 입에서 입으로 전해 내려오는 방법과도 같습니다. 할머니가 들려주시던 옛이야기는 고조할머니, 증조할머니가 들려주시던 것과 똑같지 않을 수 있습니다. 그렇다고 이야기가 달라졌다고 할 수도 없지요. 할머니는 증조할머니나 고조할머니에게 들은 이야기의 맥을 자녀들에게, 손주들에게 전했을 것입니다. 때로는 이야기 중간에 살짝 다른 이야기를 넣기도 하고 때로는 할머니의 개인적인 당부가 들어가면서 전혀 엉뚱한 방향으로 이야기 결말이 나기도 했을 것입니다.

방정환 선생 역시 이러한 방식으로 안데르센이나 그림 형제의 이야기, 〈아라비안나이트〉와 같은 외국의 다양한 이야기를 우리 어린이들에게 펼쳤던 것입니다.

《어린이》 5권 1호에 실린 방정환 선생의 모자이크 사진. 선생은 지금으로부터 100년 전인 1923년 3월에 《어린이》 잡지를 창간하여 어린이 연극을 위한 우리나라 최초의 희곡 〈노래 주머니〉를 발표했다. 그러나 같은 해에 발표한 〈토끼의 재판〉 이후로는 더는 본격적인 희곡 작품을 내지 않았고, 대신 혼자서 이야기를 들려주는 형태의 '구연'을 시작했다.

4.
방정환의
어린이 연극은
'어린이 해방'을 향하여

어린이 연극과 어린이 해방

다음은 당시 〈불란서 명화〉로 발표했던 방정환 선생의 작품 줄거리입니다.

귀엽고 싹싹하고 유쾌한 소년 '후랜쇠'가 갑자기 큰 병이 들어 먹지도 못하게 되었습니다. 소년은 기운이 없어 누운 채 헛소리를 합니다. "뿌움, 뿌움" 하고 말입니다. 소년의 부모는 납으로 만든 병정과 재미있는 그림책을 사다가 보여 주고, 또 그림을 가위로 오려 내서 후랜쇠의 머리맡에서 춤을 추게도 하고, 아들이 원하는 것은 무엇이든 사다 주려고 했습니다. 하지만 소년은 다 싫다고 하면서 계속 "뿌움, 뿌움" 하는 것이었습니다. 후랜쇠의 아버지는 한 달 전쯤 곡마단에 갔던 일을 기억하고 어릿광대 인형을 사 가지고 후랜쇠 앞에서 춤을 추었습니다. 그래도 소년은 계속 "아니야, 아니야. 뿌움, 뿌움이 아니야"라고 했습니다. 할 수 없이 아버지는 곡마단을 찾아가서 곡마사에게 아들의 사정을 이야기합니다. 그러자 곡마사는 "가지요, 어린 아드님을 위하여 가지요. 가서 뿌움, 뿌움을 보여 드리지요" 하고 정말 후랜쇠에게 직접 재주를 보여 주었습니다. 그러자 후랜쇠는 기운을 차렸고 병도 나았다는 이야 기입니다.

예술의 힘에 희망을 품다

큰 병이 든 후랜쇠는 약이나 선물이 아니라 보고 싶던 곡마사의 재주를 보고 건강해졌습니다. 이 이야기처럼 방정환 선생은 예술 이야말로 진정으로 사람을 바꿀 수 있다고 생각했습니다. 예술의 힘이 사람을 변화시키고, 그 힘으로 사회를 변화시킬 수 있다는 희망을 품었습니다.

그런데 불행하게도 언제부터인가 우리 사회에는 예술을 일종의 장식 정도로만 생각하는 풍토가 널리 퍼지게 되었습니다. 먹고사 는 일을 해결한 다음 여유가 있을 때나 즐기는 여가로 여기고 있 습니다.

방정환 선생은 예술을 누구나 생활 가까이서 즐길 수 있기를 바 랐습니다. 그것이 바로 '아모나 하기 쉬운 연극' 운동입니다. 그리고 이야기를 단순하게 재미로만 즐기는 것이 아니라 책을 읽는 사람 이나 이야기를 듣는 사람이 의미를 스스로 찾게 했습니다. 그것도 직접적인 방법이 아닌 간접적인 방법으로 말이지요.

오늘날 우리 사회는 예술가들의 직접적인 사회 참여와 기여를 원하고 있습니다. 그것도 물론 필요하겠지만 보다 근본적으로 예술은 수단으로서의 예술, 방법으로서의 예술이 아니라 '예술 자체로서 존재하는 예술'이 되어야 합니다. 예술가는 목적성을 가지고 있지만 직접적인 표현은 하지 않습니다. 대신 그것을 읽거나 보는 사람들이 스스로 생각하게끔 합니다. 예술은 단순히 재미와 감동에 머무르지 않고 그 이상의 가치를 생각하게 하는 것입니다.

예술을 통해 저절로 깨달을 수만 있다면 법을 통한 통제 수단을 크게 줄일 수 있을 것입니다. 예술을 통해 공감하는 능력을 기를 수 있다면, 가령 층간소음 문제도 일정 부분 해결할 수 있을 것입니다. 소음을 유발하는 사람은 더욱 조심하고, 소음으로 피해를 보는 사람도 조금은 그 사정을 헤아릴 수 있다면 어떨까요? 즉 상대방의 입장에서 생각하는 공감 능력을 통해 지금보다는 나은 문제해결 방법을 찾을 수 있을 것입니다.

예술 중에서도 '연극'을 한다는 것은 '다른 인물이 되어 보는 것'을 뜻합니다. 다른 사람의 입장에서 생각하고 살아 보는 것입니다. 이런 경험을 통해서 상대방의 처지를 이해하게 됩니다. 이런 공감과 이해 없이, 세상의 많고 많은 문제를 법으로만 해결하려 든다면 얼마나 많은 법이 만들어져야 할까요? 상황이 바뀔 때마다 적용되는 법이 있어야 한다면, 그 법이 만들어지기 전까지 발생하는 갈등은 어떻게 해결할 수 있을까요?

지금의 사회 풍토는 '나'를 중심으로 생각하고 '나의 이익'만을 우선으로 삼고 있습니다. 반면, 연극은 다른 사람이 되어 보는 작업이기 때문에 타인의 입장을 헤아리지 않으면 안 됩니다. 연극을 함으로써 공감 능력을 길러 낼 수 있습니다. 방정환 선생의 '아모나 하기 쉬운 연극' 정신은 놀이로서의 연극에 있다고 하겠습니다. 연극은 사회 운동이나 가치를 확산시키는 힘을 갖고 있기 때문입니다.

연극을 통한 어린이 해방 운동

방정환 선생의 '어린이 해방' 정신은 〈아버지〉라는 아주 짧은 희곡에 잘 나타나 있습니다. 선생은 1923년 11월에 발표한 〈토끼의 재판〉 이후 1926년 4월에 A4 용지 한 장 분량의 단편 희곡 〈아버지〉(《어린이세상》, 6호)를 발표합니다. 이야기 끝에는 '이것은 소년 2인이 하여도 좋고 소녀 2인이 하면 더욱 재미있고 우습습니다'라고 적어 놓았습니다.

여기서 주목할 말은 '재미있고 우습습니다'입니다. 방정환 선생은 어린이 해방 운동을, 그 정신을 전하는 방법으로 '재미있고 우습게' 하는 것을 택한 것입니다. 이것은 선생이 연극의 힘을 믿고 있었기 때문에 가능한 일입니다. 연극 무대에서는 우습게 표현되는 장면이지만, 그것이 심각하게 "어린이를 노동으로부터 해방해야 합니다!" 혹은 "윤리적 억압으로부터 해방해야 합니다!" 하고 외치는 것보다 더 효과적임을 알고 있었던 것입니다.

지금도 많은 이들은 중요한 사회문제를 다룬 연극을 할 때 직접적으로 그 말을 해야 한다고 생각합니다. 그렇지 않으면 관객들이 이해할 수 없다고 여깁니다. 과연 그럴까요? 예술은 현실의 땅을 떠나서는 존재할 수 없지만 거기에만 머물러서는 오히려 현실의 답도 찾기 어려울 수 있습니다. 예술 행위는 답하지 않아도 알게 하는 것, 답을 할 필요가 없는 것을 통해 그 이상의 가치를 전달합니다.

지금도 환경이나 노동문제를 다룬 연극이 자주 무대에 오릅니다. 그런데 대부분 해당 사건을 직접 다루거나, 배우의 입을 통해 주제를 말해 버리는 경우가 많습니다. 그러한 공연은 선전극, 계몽극이라고 할 수 있습니다. 때로는 선전극도 필요하겠지만 이러한 방법으로는 많은 사람들에게 공감을 얻지 못할 것입니다. 직접적으로 보고 들은 것보다는 간접적으로 깨우친 것에 더 큰 힘이 있기 때문입니다.

방정환 선생은 이 점을 잘 알고 있었기 때문에 어린이 해방을 무대에서 직접 거론하지 않고 대신 이야기를 통한 풍자로 표현했습니다. 덕분에 선생이 전하고 싶었던 어린이 해방 정신은 더 자연스럽게 일반인들에게 전해질 수 있었습니다.

그렇다면 방정환 선생이 생각했던 어린이 해방 운동이란 무엇일까요? 그건 어린이를 윤리적 억압과 경제적 압박으로부터 해방하는 것이었습니다. 그래서 어린이들이 '고요히 배우고 즐거이 놀 수 있는 사회'를 만들자고 했던 것입니다. 어린이 해방 운동을 피켓을 들고 행진하며 알린 것이 아니라, 재미있고 우스운 이야기를 통해 실천했던 것입니다.

방정환 선생은 어린이 해방 선언문에서 이렇게 당부했습니다.

'어린이는 어른보다 새로운 사람입니다.'

'어린이를 항상 유쾌하게 하여 주십시오.'

'어린 사람들의 동무가 되어 주십시오.'

'칭찬해 주십시오.'

'어린이에게 무슨 일이든 해가 없는 한도에서는 그 자유의사에 맡겨 주십시오.'

반면에 어린이 해방이라는 가치를 연극으로 보여 줄 때는 그 의도를 전혀 드러내지 않았습니다. 연극, 즉 예술이 가진 진정한 힘을 알고 있었기 때문입니다.

연극 놀이 개념으로 쓴 희곡, 〈아버지〉

〈아버지〉는 방정환 선생이 지은 아주 짧은 희곡입니다. 이야기 분량이 적은 것은 어린이들이 직접 연극을 해 보기를 바랐기 때문이었습니다. 지금은 '연극 놀이', '교육연극'이라 하여 어린이들이 직접 연극에 참여하면서 체험하는 교육 방법이 널리 알려져 있습니다. 사이코드라마라고 하여 일반인들이 역할 놀이를 통해 심리적 문제를 해결하는 방법도 있습니다. 그런데 100년 전에 방정환 선생은 이미 이러한 연극의 힘을 알고, 누구나 쉽게 연극을 해 볼 수 있도록 짧은 희곡을 쓰신 것입니다.

그렇다면 방정환 선생은 짧은 희곡을 통해 누구나 쉽게 연극을 할 수 있게 함으로써 어떤 가치를 심어 주려고 했을까요?

다음은 〈아버지〉의 한 부분으로 연극을 하는 이들에게 등장인물 중 아버지를 어떻게 꾸미고 행동하면 될지 알려 주는 대목입니다.

〈아버지〉

주요 등장인물: 아버지, 아들

내용 소개: 아버지는 방에 앉아 꼼짝도 하지 않고는 아들에게 "성냥 가져와라", "재떨이 가져와라", "신문 가져와라", "안경 가져와라" 하고 심부름을 시킨다. 이 물건들은 아버지가 조금만 움직이면 잡을 수 있는 곳이 있었다. 밖에서 일하던 아들은 아버지가 부를 때마다 달려와서 심부름을 한다. 그러다 아들이 싫은 내색을 하니까 아버지는 "아들놈이라고 시켜 먹을 수가 있어야 말이지" 하면서 화를 내고 나간다.

– 《어린이세상》, 1926년 4월(6호)

아버지는 감투 쓰고 수염 붓치고 긴 담뱃대 물고 책상 엽헤 안저서 꼼짝 안 하고, 아들은 부를 때마다 들락날락하면서 심브림한다.

(부자간에 서로 하는 말은 모다 곡조 맛쳐서 노래로만 부른다.)

이 글에서 방정환 선생은 대사를 일상적인 말투로 하지 말고 '곡조에 맞춰서 노래'로 하라고 했습니다. 사실적인 표현이 아니라 조금은 과장된 표현을 써도 된다고 제시하신 겁니다. 아버지가 곡조에 맞춰 아들을 부르고 아들도 곡조에 맞춰 대답하는 상황을 상상하는 것으로도 웃음이 나옵니다.

다음은 〈아버지〉의 나머지 대목입니다. 짧은 희곡이므로 전문을 소개합니다.

부: 이 애야, 씨동아!

자: 네- (하고 나와서) 왜 부르심닛가?

부: 석냥 좀 가저오너라.

자: 네. 네. (집어 들고) 이것 말씀임닛가?

부: 그래여, 그래.

아들 들어간 후에 불을 붓치고,

부: 이 애야, 씨동아!

자: 네- (하고 나와서) 왜 부르심닛가?

부: 재떨이 좀 가저오너라.

자: 네. 네. (집어 들고) 이것 말씀임닛가?

부: 그래여, 그래.

아들 들어간 후에 담뱃대로 재떨이를 두어 번 탁탁 치고,

부: 이 애야, 씨동아!

자: 네- (하고 나와서) 왜 부르심닛가?

부: 신문 좀 가저오너라.

자: 네. 네. (집어 들고) 이것 말씀임닛가?

부: (성을 벌컥 내고 큰 소리로) 그래여, 그래.

아들, 깜짝 놀라 신문을 공손히 놓고 들어간다.

아버지는 신문을 한 번 들었다가 도로 놓고 가만히 아까처럼 능청스럽게,

부: 이 애야, 씨동아!

자: 네- (얼굴만 쏙 내밀고 눈치를 보다가 나와서) 왜 부르심닛가?

부: 안경 좀 가저오너라.

자: 네. 네. (억지로 아버지 옆에 가서 도적질하듯 집어 들고) 이것 말씀입닛가?

부: (아까보다 더 성을 내고 호령하듯 큰 소리로) 그래여, 그래.

아들이 깜짝 놀라 깡충 뛰고 안경을 놓고 뛰어 들어간다.

아버지는 안경을 쓰고 담뱃대를 들고,

부: 아이그머니, 화가 나서 죽겠다. 자식놈이라고 식혀 먹을 수가 잇서야 말이지. (담뱃대로 재떨이를 딱딱 두드리고) 석냥 가저오라면 석냥 말임닛가, 신문 가저오라면 신문 말임닛가, 안경 가저오라면 안경 말임닛가, 참 정말 못된 자식! (성낸 소리로 악을 쓰듯) 불효, 불효, 불효의 자식!

아들이 넌지시 대문턱에만 들어서서 노래 부른다.

자: 아이그머니, 참말이지 죽겠네. 우리 집 아버진 왜 그런지 몰라. 넘어도 심해요. (코를 핵 풀고 나서 손과 입으로 일일이 흉내를 내면서) 손끝만 움즉이면 금방 집을 것도 고시란히 안저서 신문 가저오너라, 안경 가저오너라, 아들이란 사람은 심브림만 하려고 태어난 줄 알지요. 아이그머니, 무식한 아버지야!

　아버지는 꼼짝도 하지 않고 앉아서는 손만 뻗으면 닿을 물건들을 아들에게 가져오라고 시킵니다. 그러면서도 "화가 나서 죽겠다. 자식놈이라고 시켜 먹을 수가 있어야 말이지"라고 말하는 대목에서 당시 어른들이 어린이들을 대하던 태도를 알 수 있습니다. 부모가 자식을 어떤 눈으로 보고 있는지, 어른이 어린이를 얼마나 함부로 대하고 있는지를 이야기를 통해 고발하고 있습니다.

연극을 통해 저항 의식을 심어 주다

놀라운 것은 마지막 대목입니다. 아들이 아버지의 행동을 푸념하는 장면입니다.

> 자: 아이그머니, 참말이지 죽겠네. 우리 집 아버진 왜 그런지 몰라. 넘어도 심해요. (코를 핵 풀고 나서 손과 입으로 일일이 흉내를 내면서) 손끝만 움즉이면 금방 집을 것도 고시란히 안저서 신문 가저오너라, 안경 가저오너라, 아들이란 사람은 심브림만 하려고 태어난 줄 알지요. 아이그머니, 무식한 아버지야!

당시의 윤리적 사고로 봤을 때, 자식의 이 대사는 아무리 연극이라고 하더라도 그 역할을 맡은 배우(어린이)가 여러 사람 앞에서 말하기 쉽지 않았을 것입니다. 망설이면서라도 "아이그머니, 무식한 아버지야!"라고 대사를 하면 관객들은 웃으면서도 속으로는 '아버지를 향해 저런 말을 해도 되나?' 하고 생각했겠죠. 그러면서도 한편으로는 통쾌하다는 생각도 했을 것입니다.

당시, 직접 이 대사를 말했던 배우(어린이)에게는 놀라운 내적 변화가 일어났을 것입니다. 무대에서 역할을 빌어 했던 말일지라도 직접 그 대사를 해 본 어린이는 윤리적 억압으로부터 해방되는 경험을 하게 됩니다. 때로는 이 말(대사)을 하는 것이 옳은가 그른가 갈등하면서 연기하는 어린이도 있었겠죠. 친구들 앞에서 웃으면서 농담처럼 재미있게 이 대사를 했다고 하더라도 그 영향은 구호나 지식을 통해 얻은 것보다 강력하게 전달되었을 것입니다. 물론 이러한 변화는 그 대사를 듣는 관객들에게도 비슷하게 일어났을 것이고요.

이 대사는 단순하게 윤리적 억압으로부터 해방되어야 한다는 어린이 해방 정신을 의미하기도 하지만, 잘못된 사회를 향해서는 저항하고 대들 수 있어야 한다는 신호도 됩니다. 잘못된 사회! 당시 사람들은 잘못된 사회의 원인을 어디에서 찾았을까요?

그렇습니다. 자연스럽게 일제의 강압과 연결이 되니, 자식의 마지막 대사는 나를 억압하는 자들에게 대항하는 선언이기도 한 것입니다.

이야기 끝에는 이런 글이 적혀 있습니다.

이것은 소년 2인이 하여도 좋고 소녀 2인이 하면 더욱 재미있고 우습습니다.

방정환 선생이 이 문장을 넣은 것은 누구나 쉽고 다양한 방법으로 직접 연극을 해 보라고 권하면서, 윤리적 억압으로부터의 해방이라는 주제를 전하려는 의도였습니다. 어린이들이 직접 〈아버지〉로 연극 놀이를 하면서 그 의미를 생각하게끔 하려는 의도였던 것이 분명합니다. 말은 머리로만 이해했을 때보다 직접 소리 내어 했을 때 더 큰 울림이 있곤 하니까요.

　이는 당시 일제에 맞서 독립운동을 하던 이들이 《어린이》 잡지에 실린 노래를 독립군가로 불렀다는 사실을 떠올리게 합니다. 방정환 선생의 생각, 즉 불의에 당당히 맞설 수 있어야 한다는 의식이 이야기를 통해 널리 퍼졌고 그것은 어쩌면 "만주로 가서 독립을 위해 싸우자!"라는 구호보다 더 많은 사람들에게 쉽게 다가갈 수 있었을 것입니다. 직접적으로 말하는 것이 허용되지 않던 시대에 방정환 선생은 예술적 접근 방법으로 독립 정신을 일깨웠던 것입니다.

〈아버지〉를 연극으로 다시 만들기

　〈아버지〉는 단편 희곡이면서 필요한 소품도 많지 않아 연극으로 구성하는 것이 어렵지 않습니다. 등장인물도 아버지와 아들, 단 두 명이면 충분하죠. 이번에는 이 이야기를 직접 연극으로 만들어 보는 방법을 알아보겠습니다.

　〈아버지〉 대본은 여러 번 읽고 외울 필요가 없습니다. 한두 번 읽으면서 흐름만 파악하면 됩니다. 만약 실연(實演), 즉 무대에서 실제로 연기할 때 순서가 바뀌더라도 두려워할 필요가 없습니다. 순서가 조금 바뀌는 것은 문제가 되지 않으니까요. 다만 아버지가 담배 피우기 위한 도구를 준비하는 과정과 신문을 읽기 위한 과정에서 나오는 소품의 차이만 있으면 됩니다. 순서가 바뀌면 바뀌는 대로 진행해도 됩니다. 연기가 서툴러도 대사가 틀려도 그 의미는 재미있게 전달될 것입니다.

〈아버지〉속 장면 분석하기

아버지의 행동은 담배를 피우고 신문을 보는 것입니다. 담배를 피우려니 성냥이 있어야 하고, 재를 털려니 재떨이가 필요하죠. 이것들을 아들을 불러서 일일이 가져오라고 시키는 것이 극의 큰 흐름입니다. 다음으로 신문을 가져오라고 하고, 신문을 보려고 하다가 눈이 침침하니 안경을 가져오라고 합니다.

여기서 잠시 연출에 대해 조언하자면, 신문을 보기 전에 담배를 피우면서 잠깐 무료해하는 장면이 있으면 좋을 것입니다. 이때 아들은 놀이나 공부 같은 일에 열중하고 있다면 좋겠죠. 그렇다면 성냥, 재떨이, 안경 같은 소품은 어디에 두면 좋을까요? 관객들이 쉽게 볼 수 있는 곳, 아버지와 가까운 곳에 놓여 있어야 합니다.

아들은 밖에서 무언가를 하다가 아버지가 부르면 하던 일을 멈추고 달려옵니다. 밖에 우두커니 서 있다가 움직이는 것보다는 이편이 훨씬 극적이고 의미를 전하기에 좋으니까요. 특히 아들이 아버지가 가져오라고 시킨 안경을 집는 장면에는 '억지로 아버지 옆에 가서 도적질하듯 집어 들고'라는 지문이 적혀 있습니다. 이 지문을 보면 안경은 아버지 바로 옆이나 뒤, 혹은 옷깃 아래에 있는 것으로 보입니다. 아버지가 손만 뻗으면 닿을 수 있는 물건을 아들에게 가져오라고 시키는 장면을 보여 주는 것이죠.

그런데 이 모든 행동을 사실적으로 하지 말고 '곡조 맞춰서 노래로만' 연기하라고 지시하고 있습니다. 너무 자연스럽게 연기하려고 노력하지 않아도 됩니다. 그렇습니다. 놀이하듯 쉽게 '어린이 해방 정신'을 경험해 보는 것입니다.

〈아버지〉를 모본으로 새 연극 만들기

〈아버지〉의 큰 흐름만 알면 이야기를 응용해서 얼마든지 새로운 연극을 만들 수 있습니다. 집 안에서 어른들이 자녀들에게 어떤 일을 시키는지 살피고, 그것을 재연해 보는 것도 한 방법입니다. 물론 실제보다 약간 더 우스운 상황으로 만들어 보는 것이 좋겠죠?

엄마나 아빠가 요리하면서 필요한 물건을 자녀에게 가져오라고 시키는 장면을 연극으로 만들 수도 있습니다. 자녀는 멀리서 장난감을 갖고 재미있게 놀거나 책을 보고 있으면 됩니다. 리모컨, 휴지, 선글라스, 모자 등을 가져오게 시킬 수도 있습니다. 하지만 이것은 '일차적인 따라 하기' 방법입니다.

만약 이야기를 진행하다가 막히면 어린이가 상황을 주도하게 내버려 둡니다. 맞장구만 치면 됩니다. 맞장구를 쳐 주는 것만으로도 어린이들은 어른들이 상상도 하지 못할 것들을 찾아낼 것입니다.

본격적인 연극을 시작하기 전, 우리말의 맛을 느끼기 위해 먼저 선생의 글을 그대로 읽으면서 그것이 말이 되게 하는 연습을 해 봅니다. 다음에는 앞에서 말한 방정환 극 구성법을 말하기 방법에 적용합니다. 그러니까 문장 전체를 쓰지 말고 중요한 단어로 흐름을 정해 놓고 말을 하는 것입니다. 그 단어를 처음에는 10개로, 다음에는 5개로 차츰차츰 줄여 가면서 말을 합니다.

그런데 여기서 끝나면 안 됩니다. 자신이 말한 것을 다시 글로 적어 보는 과정이 필요합니다. 물론 그대로 하는 것은 아닙니다. 자연스럽게 말을 따라가지만 조금은 논리적으로 압축하면서 글로 적어 보는 것입니다.

다음 장에서는 방정환 선생의 희곡, 〈느티나무 신세 이야기〉, 〈뜀뛰는 여관〉, 〈호랑이 형님〉, 〈어린이 찬미〉를 통해 실제로 선생의 연기를 따라 해 보는 방법을 알아보겠습니다.

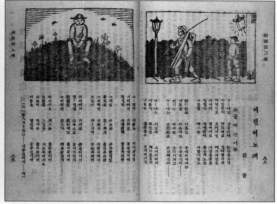

《어린이》 1929년 5월호 표지에 실린 어린이날 노래(좌)와 《개벽》 3호에 실린 어린이 노래, 〈불 켜는 이〉(우) 사진. 방정환 선생은 어린이 해방 운동을 직접적인 말이나 구호로 외치는 대신 이야기, 노래, 풍자와 같은 간접적인 방식으로 전달하려고 했다. 특히 연극이 어린이들에게 재미를 주고 연극을 통해 어린이 해방의 의미를 나눌 수 있다고 확신했으며, 방정환 선생의 그러한 정신은 지금까지 많은 이들에 의해 창조적으로 계승되고 있다.

5.
방정환 따라 하기
(1): 재연

버베이팀과 변형을 넘나들다, 〈느티나무 신세 이야기〉

오래된 작품을 당시 언어를 그대로 사용해 공연하는 것을 '버베이팀(Verbatim)'이라고 합니다. 조사, 어조사는 물론 글의 흐름이 이상한 부분도 그대로 사용합니다.

저는 방정환 선생의 이야기를 이 버베이팀 방식으로 공연했습니다. 지금부터 제가 〈느티나무 신세 이야기〉를 어떻게 버베이팀 방식으로 공연했는지 살펴보겠습니다.

원작 수정하고 살리기

다음은 방정환 선생의 〈느티나무 신세 이야기〉 앞부분 중 일부 문장입니다.

엇잿던 600살은 다 못 되엿서도 500살은 확실히 너문 것 가튼데, 그도 무엇으로 아는구 하니- 내가 채 열 살 될락 말락 한 어린 시절이엇섯는데, 어느 해 8월인가 해서, 동리 늙으니들이 동리 아페 나와서 하는 말이 (중략) 그게 지금으로 생각하닛간 고려가 망하고 리태조께서 새로 나라를 세우던 때인 모양인데, 그러닛가 500년 너문 것만은 확실하지요.

방정환 선생의 글에는 느티나무의 나이가 '600살은 다 못 되었어도 500살은 확실히 넘은 것 같은데'로 되어 있지만 저는 연극으로 공연할 때 100년의 시간을 더 넣어서 '700살은 다 못 되었어도 600살은 확실히 넘은 것 같은데'라고 이야기를 변형했습니다. 그것은 뒤에 등장하는 '지금으로 생각하니깐 고려가 망하고 이태조께서 새로 나라를 세우던 때인 모양인데'라는 부분 때문입니다. 제가 공연하는 시점은 방정환 선생이 글을 썼을 때보다 100년은 더 흘렀으니 오늘의 관객들이 이해하기 쉽도록 시간을 수정한 것입니다.

다음으로 나오는 '내가 채 열 살 될락 말락 한 어린 시절이었는데, 어느 해 8월인가 해서, 동리 늙은이들이 동리 앞에 나와서 하는 말이' 대목을 통해 선생의 글이 '말을 위한 글'이라는 사실이 확실하게 드러납니다. 이 문장은 글로서는 완결되지 않은 채 다음 문장과 연결됩니다. 하지만 입 밖으로 소리를 내면 자연스러운 말이 됩니다. 말을 옮겨 놓은 글이기 때문입니다.

이 작품이 말을 위한 글임은 다음 부분에서 더욱 확실해집니다.

> 이것은 두서너 살이나 되얏슬 때일넌지, 봄철이 되야 뭇 초목이 새파
> 랏케 싹 날 때이기에- 나도 다른 동무들과 가티 석겨서 나팔나팔 새 입
> 사귀를 피게 되엿섯는데, 동리 늙으니 한 분이 하로는 자긔 집 소를 끌
> 고 와서- 나 잇는 곳에서 한 몃 발자욱 안 되는 갓가운 곳에다 말뚝을
> 쿵쿵 박고 가겟지요.

다음은 이 대목을 현 맞춤법에 맞춰 적어 본 것입니다.

> 이것이 두서너 살이나 되었을 때일는지, 봄철이 되어 뭇 초목이 새파랗
> 게 싹 날 때이기에- 나도 다른 동무들과 같이 섞여서 나팔나팔 새 잎사
> 귀를 피우게 되었는데, 동리 늙은이 한 분이 하루는 자기 집 소를 끌고
> 와서- 나 있는 곳에서 한 몇 발짝 안 되는 가까운 곳에다 말뚝을 쿵쿵 박
> 고 가겠지요.

글 자체로는 만연체이므로 좋은 문장이라고 하기는 어렵다고 할
지도 모릅니다. 하지만 말을 하다 보면 자꾸 입에 붙이고 싶은 생
각이 드는 정감 넘치는 글임은 분명합니다. 따라서 연극에서도 방
정환 선생의 이 '말을 위한 글'을 최대한 살리려고 노력했습니다.

결론 바꾸기

나는 그 후에 나를 꺽근 아이와 지푸랙이로 가머 준 색시 오누가 '엇더케 되는가' 두고 보리라 햇더니- 과연 몃십 년 후에, 동리 사람들이 내 아래에 와서 한번 이약이하는 소리를 가만히 드러 보닛가, 나를 꺽던 아이는 중간에 병이 드러 그만 반신불수가 되야 일생을 고생 고생하다가 그대로 죽고, 그 마음씨 곱던 색시는 가난한 집으로 시집을 가서 처음은 퍽 어렵게 사럿더라는데, 그 남편을 도아서 가사를 잘 보앗기 때문에 그 남편이 훌륭하게 출세를 하야 큰 정치가로 일국의 이름난 재상이 되고, 그때 박아지를 들고 누님하고 가치 따라왓던 동생은 큰 학자가 되엿다고 함니다.

버베이팀 방식으로 공연함에도 불구하고 이 부분에서는 내용을 바꾸었습니다. 방정환 선생의 이야기에는 마음씨 고운 색시가 남편을 잘 도와 남편이 출세하여 큰 정치가로 일국의 이름난 재상이 되었다고 했는데, 이런 생각은 과거의 가치관이라서 현대의 어린이들에게는 바람직하지 않다고 생각해 색시가 '가사를 잘 본 덕분에 넉넉한 살림을 이루었다'고 내용을 바꾸었습니다.

중간 결론도 일부 바꿨습니다. 방정환 선생의 글에는 '물론 내게 잘못했다고 병신이 되고 내게 잘했다고 복바덧슬 리야 업겟지만 내가 듯기에는 마음에 퍽 시원하고 깃벗슴니다' 하며 불행한 일을 당한 사람을 보고 통쾌해하며 끝이 나지만, 저는 그것이 바람직하지 않다고 생각하여 적당히 얼버무리는 형식으로 다음과 같이 결론을 맺었습니다.

물론 내게 잘못했다고 벌을 받고 내게 잘했다고 복 바덧슬 리야 업겟지만, 내가 생각하기에도 그게 그럴 것이, 한 번 나쁜 일을 하면 자꾸 나쁜 일을 하게 되고, 좋은 일을 하면 자꾸 좋은 일을 하게 될 터이니- 착한 일을 한 사람이 복 받는 건 당연하겠지요.

다음 대목에서도 이야기를 바꾸었습니다.

그리고 그다음에는 매암이가 와서 늘- 우는데, 그놈이 엇더케나 신선 노릇을 하러 드는지, 아츰 해도 뜨기 전에 와서는 석양이 되야 해가 다 너머가도록 한가로운 짓을 하고 안젓스니, 그런 때는 동리 작난꾼이 애들이라도 좀 와서 그놈을 쫏찻스면 하는 얄미운 생각도 낫섯지만, 그 <u>대신 개미 떼란 놈들이 내 발뿌리 밋헤다 집을 짓고 바지란히 역사를</u> <u>하는데, 그것이 가상스러워서 발은 근지러워도 그대로 내버려 두고 보</u> <u>앗습니다.</u>

원래는 이렇게 끝나는 이야기지만, 밑줄로 표시한 부분을 '그게, 나중에 들어 보니까, 매미는 땅속에서 7년도 넘게 살다가 간신히 매미가 돼 가지고, 짝을 찾기 위해 그렇게 운다는 소릴 듣고는, 그 다음부터는 아무리 귀가 따가워도 그대로 내버려 두었습니다'로 변경해 매미를 미워하는 이야기로만 끝나지 않도록 내용을 바꿨습니다. 열심히 일하는 개미와 비교해 한가롭게 놀기만 하는 매미 이야기는 자칫 일만을 중요시한다고 여겨질 수 있습니다. 이것은 선생이 말하는 어린이 해방 정신에 맞지 않을 수 있어서 바꾸었던 것입니다.

입말로 하는 이야기

그런가 하면 다음 부분은 당시 입말로 그대로 이어 갔습니다. 선생이 다음 부분을 관객들 앞에서 어떻게 연기했을까요?

한번은 참 불상한 일이 내 눈 아래서 생겼습니다. ① 어듸서 떠드러 온 거러지인지는 몰라도, 지극히 남루한 의복을 걸치고 겨울날 치운 때 벌벌 떨며 병든 몸을 간신히 끌고 거적 한 닙을 메고 내 밋혜 와서 신음 신음하는데, 누구 하나 도라보아 주는 이는 업고 병은 더하고 날은 치웁고 해서 필경 그 거러지는 내 밋헤서 운명하고 마럿는데- 그 시톄조차 치여 주는 이가 업서서 그해 겨울을 아모도 모르게 눈 속에 고히고 히 뭇첫다가, 그 이듬해 봄에야 엇던 동리 사람에게 발견되얏으나, 누가 그 임자 업는 송장을 알드리 살드리 무더나 주겟슴닛가.

거적 두어 닙으로 둘둘 마러서 죽은 개색기와 갓치 끄러다가, 저기 저 건너 산 끄테다가 맛가래질을 첫담니다. 내가 본 시톄 중에는 제일 가엽서 뵌 시톄가 그 거러지의 시톄엿슴니다.

그리자 그해에는 별안간 그 동리에 큰 괴질이 도라와서 사람이 죽고 알코 하는데, 동리 사람들은 ② 그 거러지가 죽어서 원혼이 되야 가지고 이 동리를 망치러 든다고 야단야단이어서, 밥을 한다 떡을 한다 해 가지고 와서- 그 거러지 죽은 자리에 와서 무당굿들을 하고 별별 짓들을 다 하는데, 엇더케나 알미운지, 손발을 움지길 수가 잇다면 단번에 그 놈의 밥그릇 떡 그릇을 나는 그저 내리바서 노코 십헛슴니다. 그리고 사람들처럼 요사바사한 거슨 업다고 생각하는 동시에- ③ 그 가엽시 죽은 거러지가 더 한층 불상한 생각이 나서 견딜 수가 업섯슴니다.

이 부분은 극의 마지막 장면으로 관객으로서는 약간 지루해질 때입니다. 그래서 ①번 문장에서는 자연스럽게 쉬어 가며 말하기보다는 한 호흡에 말을 길게 했을 것입니다. 호흡이 끊어질 듯 말 듯 연결하면서 긴장감을 주었을 것입니다.

오늘날의 맞춤법에 따라 수정한 ①번 문장을 통해서 보면 이런 느낌은 더욱 잘 드러납니다.

어디서 떠돌아 온 거러지인지는 몰라도, 지극히 남루한 의복을 걸치고 겨울날 추운 때 벌벌 떨며 병든 몸을 간신히 끌고 거적 한 닢을 메고 내 밑에 와서 신음 신음하는데, 누구 하나 돌보아 주는 이는 없고 병은 더하고 날은 춥고 해서 필경 그 거러지는 내 밑에서 운명하고 말았는데-

다음 ②번 대목 역시 한 호흡으로 연결하면서, 이번에는 마치 화라도 내는 듯이 소리를 뿜어냈을 것입니다.

그 거러지가 죽어서 원혼이 되어 가지고 이 동리를 망치려 든다고 야단야단이어서, 밥을 한다 떡을 한다 해 가지고 와서- 그 거러지 죽은 자리에 와서 무당굿들을 하고 별별 짓들을 다 하는데,

다음은 ③번 대목입니다.

그 가엾이 죽은 거러지가 더 한층 불쌍한 생각이 나서 견딜 수가 없었습니다.

이 부분은 한 호흡 쉬면서 속도를 늦췄을 것입니다. 숨을 다 내쉰 다음 남아 있는 끝숨만으로 힘겹게 말을 하면서 관객들의 정서를 자극했겠죠. 이러한 고도의 테크닉을 사용하지 않고는 이 긴 이야기의 마지막을 마무리할 수 없었을 테니까요.

방정환 선생은 아마도 제가 분석한 것 이상의 연기를 했을 것입

니다. 그러니까 선생의 이야기를 듣기 위해 사람들이 자리를 뜨지 못하고, 심지어는 그 자리에서 오줌을 쌌다는 이야기도 있는 것이지요. 방정환 선생이 이야기의 '맛'을 살리기 위해 이야기 자체만이 아니라 고도의 연기까지 활용했다는 것을 알 수 있습니다.

과장해서 연기하기, 〈뜀뛰는 여관〉

〈뜀뛰는 여관〉은 약간은 과장되고 허풍을 떠는 이야기입니다. 물론 처음에는 비교적 차분하게 이야기가 시작됩니다.

일긔 조흔 어느 가을날이엿습니다. 려관집 앞마당에 주인 영감과 려관 손님들과 동리 늙은이들까지 모여 안저서 따뜻한 볏을 쪼이면서 한가한 이약이들을 하고 잇는데, 밧게서 처음 듯는 노래 소리가 들렷습니다.
"저것이 무슨 노래 소린가?"
"엿장사의 노래인가 보이."
"아니, 엿장사의 소리 갓지도 안흔걸……."
"하기는 잘하는걸. 듣기도 조흐이."

비교적 차분하던 분위기는 이내 '로달드'라는 인물이 등장하면서 돌변합니다. "야- 여러 분이 모여 안즈섯군. 모다들 안령하심닛가?"

이 말과 함께 등장하는 로달드를 이야기에서는 '옷도 이상스럽게 만들어 입고 얼굴에도 붉은 칠을 하여 퍽 괘사스럽게 생긴 키 큰 사람'이라고 설명합니다. 이런 인물이 말을 점잖게 한다는 건 어울리지 않겠죠? 분명 과장되고 허풍스럽게 인사를 건넸을 것입니다.

여관집 주인이 로달드에게 묻습니다. "이 동리에서는 보지 못하든 걸인이로군. 어대서 온 모양인가?" 그러자 로달드는 망설임 없이 안으로 들어옵니다.

> 그 사람은 "들어오라"는 말이나 드른 것처럼 뚜벅뚜벅 들어가서는 마당 압헤 딱 벗틔고 서서 배를 쑥 내밀고 기침을 에헴, 에헴 하더니 "허허- 그거참 내 일흠을 모르는 것은 딱한 일이로군. 내 일흠 '로달드'라 하면 세상에서 모르는 사람이 업는 유명한 사람이라오. 영국, 미국은 물론이요 불란서, 독일, 아라사까지 세계에 잇는 나라라는 나라는 모다 단겨 왓는데, 가는 곳마다 그 나라 임금님께 상을 바다서 산더미 가튼 보물은 고사하고 훈장만 하여도 가슴에 찰 곳이 업시 만흔 사람이라오" 하고 억개를 웃슥하엿습니다.

세상에서 자기 이름을 모르는 사람이 없고, 전 세계 가는 곳마다 그 나라 임금님이 보물과 훈장을 가득 안겨 준다고 하네요. 정말 대단한 허풍입니다. 틀림없이 방정환 선생은 과장된 몸짓과 말투로 이 인물을 연기했을 것입니다.

로달드는 내기를 합니다. 여관집보다 높이 뛰는 재주가 있다고 하면서 뛰는 시늉을 하죠. 하지만 사람이 어떻게 여관집보다 높이 뛸 수 있겠습니까? 더군다나 그 여관은 3층 집이었습니다.

이것이 단순한 말장난으로 끝나면서 이 허풍쟁이가 이기게 되지만 로달드는 태도를 바꿔 여관집 하인이 되기를 청합니다. 훈훈한 끝맺음이죠. 그렇게 허풍쟁이 이야기는 따뜻하게 마무리됩니다.

창작 판소리로 해 보기, 〈호랑이 형님〉

'호랑이 형님'이라는 전래동화를 누구나 어렸을 때 한 번쯤은 들어 봤을 것입니다. 방정환 선생은 이 전래동화를 《어린이》 잡지에 실었습니다.

이 글에서는 방정환 선생의 〈호랑이 형님〉을 토대로 제가 어떻게 이야기에 소리를 붙이고 새로운 이야기를 추가해 '소리극' 대본을 만들었는지를 다뤄 보려고 합니다.

제가 방정환 선생의 글을 바탕에 놓고 소리를 붙인 것은 선생이 구연이라고 이름 붙였던 '혼자서 말로 하던 연극'의 원형을 판소리에서 찾았기 때문입니다. 초대 국립창극단장을 지낸 동초 김연수 선생은 1960년대에 "배뱅이굿이나 혼자 하는 연극이나 다 판소리다"라는 말을 남겼습니다. 지금은 판소리를 흔히 '남도 소리'로만 알고 있는데, 김연수 선생의 말을 통해 좀 더 넓은 의미의 판소리를 알 수 있습니다.

〈호랑이 형님〉

주요 등장인물: 호랑이, 나무꾼, 어머니

내용 소개: 산에서 호랑이를 만난 나무꾼은 위기를 모면하기 위해 호랑이에게 "형님!" 하고 절을 한다. 그러고는 "형님이 나무하러 산에 갔다가 돌아오지를 못해 죽은 줄만 알았는데, 형님이 어머님 꿈속에 나타나 호랑이가 되어 돌아오지 못한다"고 했다며, "어머님 병환이 위중하니 어서 가서 어머님을 뵙자"고 한다. 호랑이가 이 말을 믿고 나무꾼을 따라나서는데······.

– 《어린이》, 1926년 1월호

그래서 방정환 선생의 이야기에 소리를 붙인 것입니다. 물론 이때의 소리는 현재 우리가 알고 있는 판소리만을 의미하는 것이 아닙니다. 판소리보다는 조금 더 쉬운 개념입니다.

그럼 지금부터 방정환 선생의 〈호랑이 형님〉 앞부분 내용을 먼저 본 다음, 원작을 소리극으로 어떻게 바꾸었는지를 차례대로 살펴보겠습니다.

방정환 선생의 〈호랑이 형님〉

옛날 호랑이 담배 먹을 적 일임니다. 의견 만흔 나무꾼 한 사람이 깁흔 산속에 나무를 하러 갓다가 길도 업는 나무숩 속에서 크듸큰 호랑이를 맛낫슴니다. 멋칠이나 주린 듯 십은 무서운 호랑이가 기다리고 잇섯든 듯이 그 큰 입은 벌리고 오는 것을 딱 압흐로 맛닥드려 노앗스니 소리를 지르니 소용잇겟슴닛가, 다라를 나자니 뛸 수가 잇겟슴닛가! 꼼짝달삭 못 하고 고시란히 잡혀 먹게 되엿슴니다. 악- 소리도 못 지르고 그냥 긔절해 쓰러질 판인대, 이 나무군이 원래 의견이 만코 능청스런 사람이라 얼른 지게를 진 채 업드려 절을 한 번 공손히 하고, "에그, 형님! 형님을 인제야 맛나뵙슴니다그려" 하고 손이라도 쥘 듯키 갓갑게 닥어섯슴니다. 호랑이도 형님이란 소리에 어이가 업던지, "이놈아, 사람 놈이 나를 보고 형님이라니, 형님이 무슨 형님이냐!" 합니다.

나무꾼은 시침이 딱 떼고 능청스럽게, "우리 어머니께서 늘 말슴하기를 너의 형이 어렷슬 때에 산에 갓다가 길을 닐허 이내 도라오지 못하고 말엇든고로, 죽은 셈만 치고 잇섯더니 그 후로 갓금갓금 꿈을 꿀 때마다 그 형이 호랑이가 되어서 도라오지 못한다고 울고 잇는 것을 본즉, 분명히 너의 형이 산속에서 호랑이가 되야 도라오지 못하는 모양이니 네가 산에서 호랑이를 맛나거던 형님이라 부르고 자세한 이약이를 하라고 하시엿는데, 이제 당신을 뵈오니 꼭 우리 형님 갓해서 그럼니다. 그래, 그동안에 이 산속에서 얼마나 고생을 하섯슴닛가?" 하고 눈물까지 글성글성해 보엿슴니다.

그러닛가 호랑이도 감안히 생각하니 자긔가 누구의 아들인지 그것도 모르겟고 나기도 어데서 낫섯넌지 어릴 때 일은 도모지 모르겟는고로 그 사람의 말갓치 자긔가 나무꾼의 형이엿섯슬지도 모를 것갓치 생각되엿슴니다.

희곡을 소리극으로 개작하기

방정환 선생의 〈호랑이 형님〉은 '옛날 호랑이 담배 먹을 적 일입니다' 라는 문장으로 이야기를 시작합니다. 저는 이 문장을 소리극으로 개작하면서 다음과 같이 바꿨습니다.

옛날, 아주 먼 옛날, 호랑이가 담배 먹던 시절, 호랑이 담배 피우던 시절, 깊은 산 속에 나무꾼이 살았는데, 이 나무꾼은 의견이 많고, 슬기롭고, 엉뚱하기까지 했구나.

이 대목을 실제 관객들 앞에선 어떻게 연기하게 될까요? 처음에는 원작대로 '호랑이가 담배 먹던 시절'이라고 시작했는데, 호랑이가 '담배를 먹는다'는 표현이 현대에는 자연스럽지 않아 '아차! 잘못했나' 하는 표정을 지은 다음 "호랑이 담배 피우던 시절"이라고 말할 것입니다.

다음 단락에서 밑줄 친 부분은 방정환 선생의 원작에는 없는 문장으로 소리극을 위해 새로 추가했습니다.

하루는 나무꾼이 깊은 산 속으로 나무하러 갔다, 그만 길을 잃고 말았으니 이산 저산, 골짜기 골짜기 바위 틈틈이 모래 짬짬이 가랑잎 새새 참나무 결결이 모르는 게 없다고 생각했는데, 무릇 메주 밟듯 성큼성큼, 안방

드나들 듯 오가던 길인데- 갑자기 앞이 안 보이니!

밑줄 친 문장은 원래 봉산탈춤에 나오는 말인데 우리말의 맛을 살리려고 그대로 활용했습니다.

호랑이가 다가오는 부분을 소리극 대본으로 만들 때는 이렇게 바꾸었습니다. 방정환 선생의 원글에 등장하는 '크디큰 호랑이', '며칠이나 주린 듯', '그 큰 입을 벌리고'와 같은 말맛을 장단과 운율에 맞춰 넣으려고 했던 것입니다.

그사이 호랑이란 놈은 점점 더 가까워지는데, 자세히 보니 그 몸이 집채만 한 거라.
(소리로) *집채만 한 호랑이, 집채만 한 호랑이*
호랑이가 다가온다, 집채만 한 호랑이
며칠이나 주린 듯이 그 큰 입을 딱 벌리고
입맛을 쩝 쩝 다시면서 슬금슬금 다가온다.
며칠이나 주린 듯이 그 큰 입을 딱 벌리고
침을 질질 흘리면서 슬금슬금 다가온다.

다음으로 나무꾼이 꾀를 쓰며 호랑이를 '형님'으로 부르는 장면이 나오는데, 저는 소리극으로 만들기 위해 이 부분을 다음과 같이 수정했습니다.

어흥!

아이고 형님!

호랑이가 그 큰 입을 '딱' 벌리고 – 나무꾼을 덮치려는데, 이 나무꾼, 지게까지 진 채 납작 엎드리며 "아이고 형님~" 하고 절을 허네.

호랑이가 깜짝 놀라, 아니 어이가 없어선가, 그 큰 눈만 껌뻑껌뻑하는 거라. 그 큰 눈만 껌뻑껌뻑! 그사이 이 나무꾼의 행색을 보소.

벌떡 일어나서 호랑이 얼굴을 잡고, 이리저리 살피더니 "맞소, 맞아! 내가 찾던 형님이 분명하오! 이 부리부리한 눈에 이마에는 임금 왕 자! 틀림없는 내 형이요, 형님 절받으시오" 하고 다시 한번 넙죽 절을 하려는데– 가만! 한 번 더 절하면 몇 번째? 두 번. 두 번 절하는 건? 누구한테 두 번 절하죠? 그렇지, 죽은 사람한테나 두 번 절하는 법.

호랑이가 이를 어찌 알고 그만 질겁할 듯이 막아서며–

"그만! 형님이라니? 내가 어째 네 형이란 말이냐? 호랑이가 어찌 사람의 형이 될 수 있단 말이냐, 이놈아! 어흥!"

방정환 선생은 간단하게 풀었던 부분이지만, 호랑이 캐릭터를 분명하게 만들기 위해 새로운 문장을 창작해 넣었습니다.

그 큰 눈만 껌뻑껌뻑하는 거라. 그 큰 눈만 껌뻑껌뻑!

두 번째 '껌뻑껌뻑'을 말할 때는 관객들이 그 말을 따라 할 수 있도록 배치했습니다.

형이 산에 갔다가 돌아오지 못하고 호랑이가 되었다는 어머니의 말을 전하는 부분을 소리극으로 바꿀 때는 정통 판소리의 소리 길을 따라가면서 노랫말로 만들었습니다. 다시 말해 아니리로 시작해서 장단에 맞춰 가는 형식입니다.

(아니리) 저의 하는 말을 자서히 들어나 보십시오. 어머님께서 말씀하시기를—

(소리로) *너의 형 어렸을 적, 나무하러 산에 갔다 돌아오지를 못해, 죽은 셈만 치고 살았는데, 꿈속에서 허는 말—*

제가 호랑이 되어서 돌아가지를 못합니다, 어머니, 어머니.

호랑이 탈이 있어 장난삼아 써 봤는데, 벗겨지질 않아서, 벗겨지질 않아서, 호랑이 되어서 못 갑니다, 어머니, 어머니.

그러고는 어머니의 병환이 위중한 상황을 알리면서 어머니가 돌아가시기 전에 형님을 꼭 보고 싶어 한다는 말을 하여, 호랑이가 나무꾼의 거짓말에 쉽게 넘어갈 수 있는 개연성을 만들어 넣었습니다.

그동안은 내 그리 알면서도 호랑이가 무서워 이 깊은 산속엔 얼씬도 못 했으나, 요 며칠 새 어머님 병환 위중하여, 어머님 돌아가시기 전에 형님을 꼬옥 한번 보고 싶다 하시기에, 그래 이렇게 깊은 산속에 와서 형님을 찾았던 게요! 오늘에야 형님을 뵈니 오래전 산속에서 길 잃은 내 형님이 분명하오! 어서 집에 가서 어머님을 뵙시다, 형님!

덕분에 호랑이가 나무꾼과 함께 어머니를 만나러 가는 장면으로 자연스럽게 이어졌고, 후반부에 호랑이가 한 달에 두 번씩 돼지를 잡아다 주겠다는 약속을 하게 만들었습니다.

방정환 선생의 원글에서는 나무꾼의 말만 듣고 호랑이가 한 달에 두 번씩 호랑이를 잡아다 주지만, 이렇게 말로만 하고 넘어가는 것은 설득력이 떨어지기 때문에 호랑이로 하여금 확실하게 자신이 사람의 아들이란 착각을 하게 만들기 위해 나무꾼과 함께 집으로 가는 장면을 넣은 것입니다. 다음과 같이 말이지요.

노래 부르고 춤을 추며, 울고 웃고 하는 사이에 어느새 집 앞에 다다르게 되었는데, 이 나무꾼, 얼결에 거짓말을 해서 지 목숨은 구했지만, 어머니가 호랑이를 보면, 집채만 한 호랑이를 보면 얼마나 놀라실까 생각하니 눈앞이 깜깜하고 정신이 혼미해지는구나.

다시 다리에 힘이 쭉 빠지면서 땀이 삐질삐질 나는데- 뛰는 놈 위에 나는 놈 있다고, 꾀를 낸답시고 호랑이한테 "형님" 하며 여까지 데려왔는데, 저 호랑이란 놈이 음흉한 속셈을 갖고, 어머니까지 한꺼번에 잡아먹으려고- 어머니까지. 어리숙한 척하며 따라온 것이라면?

그런데 이때에-

어머니가 뒤뜰에 나와 정화수 한 그릇 떠 놓고 지성을 드리는구나!

(소리로)

비나이다, 비나이다.

한울님전, 비나이다.

산에 간 우리 아들, 호랑이……

우리 아들, 호랑이……

제발 제발 비나이다!

멀리서 어머님 비는 소리를 듣고 있던 호랑이!

"호랑이 우리 아들, 호랑이 우리 아들" 하는 소리를 듣고는 그만 너무도

반가워 큰 소리로 "어머니"를 부르며 달려가는데-

(어머니라고 부르려고 노력하면서) 어흥!

그 소리에 어머니가 깜짝 놀라 기절하니, 호랑이- 어, 어, 어허!

아우야, (소리로) 내가 호랑이 탈을 쓰고 있어, 아무래도 직접 어머님을

뵐 수가 없구나.

"우리 아들 호랑이, 우리 아들 호랑이" 말씀을 하시니

진정 네 말이 맞는구나.

그동안은 얼마나 걱정이 많으셨냐. 근심 또한 얼마나 크셨겠냐.

허지만 이 형색으로, 호랑이 모습으로는 어머님 뵐 수가 없구나.

허나 내 한 달에 두 번씩 돼지나 한 마리씩 갖다 줄 터이니, 네가 내 몫까

지 어머님 봉양을 잘하여라!

예, 형님!

(크게) 어흐으-

큰 소리로 울면 어머님 놀라시오.

(중간) 어흐으, 어흐!

호랑이는 울음을 참고 산으로 돌아갑니다. 울음을 참고, 참고, 또 참으면
서-

(아주 작게) 어흐으, 어흐, 으~!

이 부분을 보면 어머니가 "산에 간 우리 아들, 호랑이…… 우리
아들, 호랑이……" 하고 말하는 장면을 넣어서 호랑이가 나무꾼의
말을 더욱 믿을 수밖에 없게 만들었습니다. 호랑이가 반가워하며
달려드는 것을 어머니는 호랑이가 잡아먹으려고 덤벼드는 것으로
알고 놀라 기절합니다. 그러자 호랑이는 어머니를 직접 보지 못하
는 대신에 한 달에 두 번, 돼지를 잡아다 주겠다는 약속을 합니다.

물론 이는 소리극으로 꾸미면서 노랫말을 적당히 배치하려는 의
도도 있었습니다. 또 호랑이가 울음을 참고 산으로 돌아가는 장
면에서 희극성을 살려 보려고도 했습니다.

그렇다면 어떻게 어머니가 "우리 아들 호랑이, 우리 아들 호랑
이" 하고 기도를 했던 걸까요? 이 부분을 설명하지 않으면 안 되었
기에 소리극에서는 이런 내용을 추가했습니다. 다음은 깨어난 어
머니가 아들에게 "우리 아들 호랑이"라고 말했던 이유를 설명하

는 장면입니다.

그사이, 나무꾼이 혼절한 어머님을 방에 뉘고, 찬 물수건 해서 이마에 대니, 어머니, 그제야 정신을 차리시고-

얘야, 내 분명 호랑이 울음소리를 들었는데, 아무 일 없는 것이냐?

네, 어머니. 사실 이차저차, 이차저차해서 호랑이를 형님이라 부르고 집에까지 데리고 왔는데, 어머님이 호랑이를 보면, 그 집채만 한 호랑이를 보면 얼마나 놀라실까 안절부절못하던 차에- 어머님께서 어찌 그 사정 아시고 "우리 아들 호랑이, 우리 아들 호랑이" 하시었소?

그게 무슨 말이냐, 나는 "우리 아들 호랑이한테 (작은 소리로) 잡혀가지 않게, (원래 목소리로) 우리 아들 호랑이한테 (작은 소리로) 잡혀가지 않게 제발 제발 신령님께 비나이다" 했는데.

네? 으하하하하!

어머니의 작은 목소리를 호랑이가 듣지 못하고 "우리 아들 호랑이, 우리 아들 호랑이"라고 한 것으로 착각하게 각색한 것입니다. 그런데 시연을 본 한 분이 '옛날에는 어른들이 아이들 앞에서 험한 말을 쓰지 않았다'고 알려 준 덕분에 어머니가 설명하는 부분을 다음과 같이 바꿨습니다.

그게 말이다, 험한 말은 입에 담을 수가 없어서- 내가 험한 말을 쓰면 네가 따라 할 것이고 여기 오신 관객분들도 따라 할 것이 아니냐. 그래, 험한 말을 입에 담을 수가 없어서 그냥 "우리 아들 호랑이…… 우리 아들 호랑이……" 한 것인데.

네? 험한 말을 입에 담지 않으시려고 그렇게? 으하하하하!

이렇게 바꾸니 교훈적인 면이 더해지긴 했지만 이 정도면 애교에 가깝고 유머적으로도 큰 문제는 없으리라 생각했습니다.

그 뒤로 호랑이가 돼지를 한 마리씩 잡아다 주는 장면은 흥겨운 잔치처럼 표현했습니다.

그다음은 어떻게 됐냐고?

그담부턴 한 달에 두 번, 보름과 초하룻날이면 언제나 울타리 안에는, 울타리 안에는? 돼지 한 마리!

이것은 분명 호랑이가 어머님 봉양 잘하라고 잡아다 놓는 것이 분명하구나.

(소리로)

여름이 지나고 가을 지나 한겨울이 다 되어도

한 달에 두 번, 어김없이– 초하룻날과 보름날엔–

돼지가 한 마리,

겨울이 지나고 봄도 지나 한여름이 지나가도

한 달에 두 번, 어김없이– 초하룻날과 보름날엔–

돼지가 한 마리

돼지, 돼지, 돼지가 한 마리

두 사람이 보름 동안에 돼지 한 마리 어찌 먹나.

아이고 아이고, 별걱정일세, 나눠 먹으면 제격이지.

이웃 간에 나눠 가며 정겨이도 살아가네.

얼씨구 절씨구 지화자 좋네, 얼씨구나 절씨구!

그러던 어느 날, 어머님께서 돌아가셨는데, 산속에 부고도 안 했는데, 알리지도 않았는데, 호랑이가 어찌 알고 저리 슬피 울꼬.

어흥 어흐 으 응- (구음)

그러고는, 그다음부터는 보름이건 초하루건 아무 소식이 없으니-

한 달이 지나고 두 달이 지나고 석 달이 지나도록 호랑이한테 아무 소식 없었다고 합니다!

이렇게 한바탕 놀이를 한 다음에 다시 원작으로 돌아가서 호랑이 새끼 세 마리가 꼬리에 베헝겊을 매달고 있는 장면으로 들어갑니다.

마무리 장면을 살펴보겠습니다. 방정환 선생의 원문에서는 다음과 같이 이야기를 마무리합니다.

아모리 한때의 거짓 꾀로 호랑이 보고 형님이라고 하엿든 일이라도, 그 말 한마듸로 말미암아 호랑이가 그다지 의리를 직히고 효성을 다한 일에 감복하야 나무꾼도 눈에 눈물을 흘럿슴니다.

이 부분을 소리극으로 만들 때는 다음과 같이 바꿨습니다.

한 달이 지나고 두 달이 지나고 석 달이 지나도록 호랑이한테서 아무 소식도 없었습니다. 그래서 나무꾼이 깊은 산 속으로 호랑이 형님을 찾아가서– "형님", "호랑이 형님" 하고 불렀지만 메아리만 들렸지 아무 대답이 없었습니다. 그래 이번엔– 이산 저산, 골짜기 골짜기 바위 틈틈이 모래 짬짬이 가랑잎 새새 참나무 결결이 다 찾아보고 돌아서는데–
이때 호랑이 새끼 세 마리가 쪼로록 달려와서 절을 하는데, 보니 모두 꼬리에 베헝겊을 달고 있으니–
"아니, 너희들은 어째서 꼬리에 헝겊을 달고 있느냐?"
"네, 아버님 돌아가시어 예를 다하고자 이렇게 꼬리에 베헝겊을 달았지요."
"어찌 짐승이 사람의 흉내를 내려고 하느냐?"
"그런 것이 아니오라– (소리로) *아버님 어렸을 적, 나무하러 산에 왔다 호랑이 탈이 있어 장난삼아 써 봤는데 벗겨지지 않아서, 벗겨지지 않아서 호랑이 되었다 하옵니다. 아버님은 비록 호랑이로 돌아가셨지만 본디 사람인즉 사람의 예를 다하렵니다. 아이고 야흥!"* 하고 곡까지 합니다.
"그래, 아버님은 편히 가셨느냐?"
"네. 한 달에 두 번씩 할머님께 돼지를 한 마리씩 잡아다 드리고는 조금이나마 효도했다고 생각하셨는지 아주 편안하게 눈을 감으셨습니다."

나무꾼은 호랑이가 편히 눈을 감았다는 말에 조금은 위안이 됐지만, 생각하면 참으로 미안하고 고맙고 한 것이었습니다. 내려오면서 둘러보니 풀 한 포기, 나무 한 그루 고맙지 않은 것이 어디 있겠습니까! 고맙다, 고마워!

이렇게 〈호랑이 형님〉 원작을 바탕으로, 되도록 말맛을 살려 가면서 소리극으로 새로 만들기를 시도했습니다. 그리고 밑줄 친 부분(이산 저산, 골짜기 골짜기 바위 틈틈이 모래 짬짬이 가랑잎 새새 참나무 결결이 다 찾아보고 돌아서는데-)은 앞 장면을 그대로 반복해서 우리 전통인 반복의 미학을 살렸습니다. 무엇보다 방정환 선생의 글을 기본으로 삼아 그 틀에서 크게 벗어나지 않으면서 말맛을 살릴 수 있도록 직접 말로 연기를 해 보면서 글을 정리했습니다.

누구나 따라 하기 쉬운 연기 훈련, 〈어린이 찬미〉

연극을 하려면 아름다운 우리말을 사용해야 합니다. 말을 하기 위해서는 우선 소리를 내야 하고요. 소리를 내기 이전에는 숨을 쉬는 방법을 알아야 하고, 특히 아름다운 소리를 내기 위해서는 소리가 나오는 숨길인 입 안의 공명통을 바르게 만들어 놔야 합니다. 또한 몸의 움직임을 연습하는 과정도 필요하지요.

이제부터 자연스럽게 말을 하기 위해 소리와 몸을 단련하는 방법을 방정환 선생의 〈어린이 찬미〉와 함께 살펴보도록 하겠습니다. 이 방법을 수련하면 표현력이 좋아지고 자신의 몸을 더 잘 다룰 수 있게 될 것입니다.

<어린이 찬미>

내용 소개: 잡지는 어린이의 얼굴이 얼마나 고요하고 평화로운지 감탄하고 어린이라는 존재의 꾸밈없음과 순수함을 찬미하는 한편, 어린이가 기쁨으로 살고, 기쁨으로 놀고, 기쁨으로 커 가기를 바라는 마음을 담은 방정환 선생의 수필이다.

- 《신여성》, 1924년 6월호(2권 6호)

숨쉬기

제일 먼저 해야 할 일은 숨을 쉬는 일입니다. 사람들은 누구나 숨을 쉬기 때문에 숨 자체에는 별로 신경을 쓰지 않지만 아름다운 소리를 내기 위해서는 숨을 쉬는 것이 매우 중요합니다. '숨을 쉰다'는 것은 '기본 중의 기본'이라고 할 수 있습니다.

그런데 숨을 잘 쉰다는 것은 생각보다 어렵습니다. 그래서 많은 사람들이 복식 호흡을 배우고 있습니다. 그렇다면 흉식 호흡은 잘못된 것일까요? 아닙니다. 흉식 호흡은 물론 쇄골로 숨을 쉬는 호흡까지도 필요합니다. 하지만 이렇게 글로 설명하고 머리로 이해하는 것으로는 호흡을 제대로 이해할 수 없습니다. 그것은 몸으로 느껴야 합니다.

이것은 방정환 선생의 수필 〈어린이 찬미〉 속 문장을 따라 하면 쉽게 찾을 수 있습니다. 그렇습니다. 〈어린이 찬미〉를 읽고 그 이야기를 따라 하다 보면 가장 중요한 숨쉬기 방법을 찾을 수 있습니다.

어린이가 잠을 잔다. (중략) 이 세상의 고요하다는 고요한 것은 모두 이 얼굴에서 우러나는 것 같고, 이 세상의 평화라는 평화는 모두 이 얼굴에서 우러나는 듯싶게, 어린이의 잠자는 얼굴은 고요하고 평화롭다.

바로 잠자는 어린이를 따라 하는 겁니다. 이 '고요와 평화'를 생각하며 잠을 자듯이 숨을 쉬면 자연스럽게 배가 부풀어 오르게 됩니다. 이것이 복식 호흡입니다. 잠자는 어린이처럼 자연스럽게 복식 호흡을 해 보세요. 호흡을 하면서 숨을 들이마시고 숨을 내쉬는 '숨길'을 생각하면 됩니다. 숨이 드나드는 길을 천천히 느껴 보는 것입니다. 잠자는 어린이가 실제로 숨길을 느끼며 호흡하는 지는 잘 모르겠지만 아마도 어린이들은 본능적으로 알고 있지 않을까 합니다.

이렇게 어린이가 되어 숨길을 느끼는 것으로 숨쉬기가 시작됩니다. 쌔근쌔근. 생각만 해도 얼마나 행복한지요. 스스로 어린이가 되어 숨을 쉬어 볼 때, 꼭 복식 호흡에 매달릴 필요는 없습니다. 가슴을 넓혀서 숨을 쉬는 흉식 호흡도 연습해서 가슴까지 열리면 더욱 좋습니다. 흉식 호흡을 느끼게 되면 쇄골까지 숨이 차는 것을 느껴보세요.

자, 숨길을 느끼다 보면 들숨과 날숨을 알아차리게 됩니다. 이제 그 숨의 길이를 천천히 늘릴 차례입니다. 처음에는 숨길을 느끼고 다음에는 들숨과 날숨의 길이를 같게 합니다. 그다음에는 중간에 멈추는 숨도 넣어 봅니다. 하지만 숨이 몸을 긴장하게 만들면 안 됩니다. 긴장되면 다시 처음으로 돌아가서 고요하고 평화로운 숨쉬기를 하면 됩니다.

소리내기

말을 하기 전에는 '소리내기'라는 과정이 있습니다. 소리내기는 '숨(호흡)'에 '소리'를 얹는 것입니다.

아기들이 제일 먼저 내는 소리들을 따라 해 보세요. "음", "마", "흠" 그리고 "옴" 같은 소리가 있습니다. 이 소리를 숨길에 얹어서 길게 내면 자연스럽게 울림이 생깁니다. 머리와 이마는 물론, 몸 전체가 울립니다. 이때도 계속 〈어린이 찬미〉의 문구처럼 '고요하고 평화로운' 상태에 머무르면 됩니다.

소리 꼴 생각하기

다음 단계는 입 안, 구강의 면적을 최대한 크게 하는 훈련입니다. 되도록 입 안을 넓고 동그랗게 만들어야 '소리 꼴'이 아름답습니다. '말꼴'에 앞서 '소리 꼴'을 생각하는 것입니다.

"마흠", "아옴" 하고 길게 소리를 내면 입 안에 큰 동그라미가 생기는 것을 느낄 수 있습니다. 먼저 "ㅏ" 음으로 입을 가능한 한 크게 벌렸다가 "ㅁ"에 이르러 입을 다물면서 입 안에 큰 동그라미를 만듭니다. 그리고 그 상태를 오래 지속하면서 진동을 느낍니다. 즉, 입 안을 둥글게 하고 진동을 오래 지속하면 평소 자신의 목소리보다 아름다운 소리를 낼 수 있습니다. 목소리는 이미 주어졌다고 하지만 이러한 훈련을 통해서 소리를 더 아름답게 가꿀 수 있는 것입니다.

표정 연습

싫으면 찡그리고 아프면 울고……

거기에 무슨 거짓이 있으며, 무슨 꾸밈이 있느냐.

이번에는 얼굴을 찡그리면서 다양한 얼굴 근육들을 사용해 볼 차례입니다. 아기가 되어 얼굴을 찡그려 보는 것입니다. 아이가 표정을 찡그리면 엄마, 아빠는 왜 그러는지 압니다. 오줌을 싸서 기저귀를 갈아 달라는 것인지, 배가 고파서 젖을 달라는 것인지, 아니면 어디가 불편해서인지 다 압니다.

그렇다고 처음부터 표정 연습에 감정을 담으려고 노력할 필요는 없습니다. 다양한 방법으로 찡그리면 됩니다. 근육을 가운데로 모아서 찡그릴 수도 있고, 오른쪽이나 왼쪽으로 치우치면서 찡그릴 수도 있습니다. 다만 마지막에는 웃으면서 근육 전체를 활짝 펴는 동작으로 마무리합니다. 그렇다고 과한 감정을 실어 가며 할 필요는 없습니다. 표정을 짓다 보면 저절로 느껴지는 감정이 있을 테니까요.

입술 털기

이제 혀나 입술을 움직여 보겠습니다. 아기가 혀나 입술을 움직이면 처음에는 배가 고파서 그러는 것 같지만 얼마 지나지 않아 아기가 말을 하려고, 소리를 내려고 움직이기도 한다는 걸 알게 됩니다.

이러한 동작 따라 하기를 보다 확장해 보는 것입니다. 그러다 보면 자연스럽게 '입술 털기'를 하게 됩니다. 흔히 '투레질'이라고도

하는 동작이지요. 우리 어르신들은 아기가 이 동작을 하면 비가 온다며 못 하게 막곤 했지만 이 훈련은 입술을 부드럽게 만들기 위해 매우 중요합니다. 아마도 아기들은 저기압이 되면 입술 부근이 굳어지는 것을 느껴서 이를 풀려고 입술을 터는 것이 아닌가 합니다. 실제로 투레질이라고 하는 입술을 터는 동작은 입술과 그 부근의 근육을 발달시키는 데 매우 중요합니다. 여기에 더해서 어린이들이 자동차 장난감을 움직이면서 내는 소리인 "부우우우웅!"을 길게 입술을 털면서 소리 내면 더 좋습니다.

혀 움직이기

다음으로 혀를 움직여 보겠습니다. 아기가 먹을 것을 달라고 혀를 움직이는 모습을 상상하면서 따라 하면 됩니다. 혀를 오므리기도 하고 펴기도 하고 아래위나 옆으로도 움직입니다. 위아래 잇몸을 깊게 핥아도 봅니다. 그러다가 차츰 힘차게 빨기도 합니다. 커다란 알사탕을 물고 입 안 여기저기에 굴려 보는 듯한 동작도 아주 좋습니다. 물론 진짜 알사탕이 아니라 혀를 움직여서 마치 알사탕을 문 것 같은 동작을 하는 겁니다. 아마도 혀가 아파서 오래 할 수는 없을 것입니다. 그렇다면 혀를 이리저리 접어 보세요. 오른쪽으로 왼쪽으로 혀를 접어 보고 잘근잘근 씹어도 봅니다.

투레질할 때 했던 동작을 혀로도 해 봅니다.

"흐르르르르르르르."

전화벨 소리를 길게 흉내 내는 것도 좋습니다.

"따르르르르르르르르르르르르릉."

이제 아기가 옹알이를 합니다. 아직 정확한 말을 하는 것도 아닌데, 그 옹알이만으로 엄마랑 아빠는 아기들이 무엇을 원하는지 다 압니다. 배가 고픈지, 오줌을 쌌는지, 심심하니까 놀아 달라는 것인지 다 압니다. 이 옹알이를 연극에서는 '지버리시(gibberish)'라고 하는데 이는 배우를 위한 매우 유용한 훈련법입니다.

모음과 자음 연습

본격적으로 모음과 자음 연습을 할 차례입니다. 따로 모음 연습을 해 본 경험이 다들 있을 것입니다. 주로 영어 공부를 처음 시작할 때 말이지요. 같은 모음 연습이니 그때 경험을 반추해서 하면 됩니다.

그에 반해 자음 연습을 일부러 하는 사람은 잘 없는 것 같습니다. 모음이 입 모양에 중심을 둔다면 자음은 혀의 위치를 결정하는 중요한 요소입니다. 자음 연습을 어떻게 하는 것이 좋을까요? 걱정할 필요는 없습니다. 세종대왕께서 아주 정확하게 알려 주었으니까요. 훈민정음은 자음을 발음할 때의 혀 모양을 본떴다고 하니 그 원리를 그대로 적용하면 됩니다. 그러면 자음을 소리 내는 데 필요한 혀의 위치를 정확하게 찾을 수 있습니다. 다음과 같은 발음을 하면서 자음을 붙이는 것입니다.

 "억그." "은느." "귿드." "을르." "음므." "읍브." "옷스." "응으." "읒즈." "읓츠." "키억크." "티귿트." "피읖프."

 다만 'ㅎ'은 "하얗다"를 발음하면서 그 느낌을 찾으면 됩니다. 입술소리는 입술소리대로, 잇소리는 잇소리대로, 그리고 콧소리는 콧소리대로 연습하면서 그 차이를 느끼는 것도 좋습니다.

소리에 의미를 담기

 이제 옹알이를 하던 단계로 돌아가 볼까요? 옹알이에 처음 소리 꼴을 만들던 방법을 더하면 아주 재미있는 소리 연습이 됩니다. 옹알이를 보다 길게 하면서 진동을 느끼는 것입니다. 물론 이것으로 의사 표현을 할 수도 있습니다.

 아기가 막 말을 시작합니다. 말의 꼴이 이뤄질 때마다 그 말을 들은 어른들이 얼마나 감격을 하던가요? 그렇습니다. 무슨 말이든 이 감격을, 처음 말하는 감격을 느끼면서 말을 한다면 누구나 아름다운 말을 할 수 있습니다. 처음에는 "엄마", "아빠"에서 시작해서 "맘마", "밥", "응가" 등으로 발전하죠. 그리고 "오!", "그래!" 하는 감탄사가 더해집니다.

이제 단어 하나로도 소통이 됩니다. 옹알이만 할 때보다 구체적으로 소통할 수 있습니다. 핵심 단어만으로도 원활한 소통이 가능해진 것입니다. 이것은 사람들이 말할 때 어미까지 정확하게 소리를 내지 않고 중요한 단어만 정확하게 말해도 의도를 전달할 수 있다는 것을 의미합니다. 말을 할 때 중요한 단어를 먼저 생각하고, 그 말이 잘 들리도록 신경을 써야 한다는 것입니다.

문장에 완급 주기

문장을 말할 때 어미까지 전체를 또박또박 말하면 자칫 융통성 없는 사람으로 보일 수도 있습니다. 말이 글과 다른 점이 이것입니다. 글과는 달리 말은 그것을 하는 사람이 어디에 힘을 주느냐에 따라 자신의 의도를 더 명확하게 전달할 수 있습니다. 물론 이러한 훈련이 되어 있지 않으면 말하는 사람의 의도가 전혀 느껴지지 않게 되고, 말이 글의 힘에 뒤떨어지게 됩니다.

다시 말해서 '−습니다'까지 문장 전체를 힘주어 말하는 것은 말을 위한 말이 아니라 글을 전하는 말이 될 수 있으니, 어미는 특별히 의도하지 않는다면 중심 단어보다는 힘을 빼서 말하는 것이 좋습니다. 물론 인물의 성격을 분명히 하기 위해서나 행동에 중심을 두는 말을 하기 위해서는 어미를 단단하게 하는 것도 필요합니다. 이러한 예외를 제하고는 일반적으로 어미보다는 중심 단어를 정확하게 말하는 데에 신경 써야 합니다.

현대 서울말을 쓰는 사람들의 일상적인 말투로도 사투리 이상으로 말맛을 살릴 수 있는데, 중심 단어를 잘 활용하면서 말에 완급을 주면 됩니다. 중심 단어에 힘을 주고 다른 부분에는 힘을 빼면 말에 자연스러운 리듬이 생깁니다. 이 리듬과 멜로디는 어린이들의 말에 많이 남아 있죠. 어린이들과 대화하다 보면 말의 리듬을 찾기가 더 쉬울 것입니다. 또 중심 단어의 느낌을 최대한 살려서 색과 질감 등의 표현을 해 주면 말이 더 재미있어집니다.

몸 움직이기

이제부터는 몸의 움직임에 대해서 살펴보려고 합니다. 다시 방정환 선생의 〈어린이 찬미〉로 돌아가서 바른 몸을 만드는 방법을 알아보겠습니다. 다음 문장을 통해 아기가 자는 모습을 상상하고, 그대로 누워서 눈을 감습니다.

어린이가 잠을 잔다. (중략) 이 세상의 고요하다는 고요한 것은 모두 이 얼굴에서 우러나는 것 같고, 이 세상의 평화라는 평화는 모두 이 얼굴에서 우러나는 듯싶게, 어린이의 잠자는 얼굴은 고요하고 평화롭다.

아기처럼 고요하고 평화롭게 숨을 쉽니다. 그러고는 천천히 몸을 뒤척입니다. 버둥거리기도 합니다. 기저귀를 갈기 위해 엉덩이를 들었다가 천천히 놓아 보기도 합니다. 이 동작을 할 때는 부모님이 자신을 조심스럽게 다뤘던 기억을 떠올리면서 아주 천천히, 그러나 안심하고서 행복하게 엉덩이를 움직입니다. 이때까지는 되도록 눈을 감고 움직입니다.

눈에 담기

눈을 떠 봅니다. 잠깐, 아기가 처음으로 눈을 뜰 때 번쩍하고 눈을 뜰까요, 아니면 눈동자와 눈꺼풀을 힘들게 움직이다가 눈을 뜰까요? 그렇습니다. 먼저 눈을 감은 상태에서 눈동자를 이리저리 굴려 봅니다. 위로 아래로, 동그랗게 굴려도 봅니다. 소리 나는 쪽으로 눈동자를 힘차게 돌립니다. 이런 연습을 한 다음 천천히 눈을 뜨고 보이는 것을 보이는 대로 봅니다. 특별히 집중해서 관찰하는 것이 아닙니다. 눈에 처음 들어오는 것을 그대로 봅니다. 사실 이 과정은 생각보다 신비롭고 감동적이기까지 합니다.

이렇게 보이는 대로 보는 훈련은 집중해서 보는 것보다 더 많은 것을 눈에 담아 둘 수 있게 합니다. 부모들은 종종 자기 아이가 천재라고 생각합니다. 그저 눈에 담은 것을 언제든지 정확하게 설명하니까요. 어른이 되어서도 그렇게 보는 훈련이 필요합니다.

몸 뒤척이기

이번에는 몸을 좌우로 뒤척이다가 엎드립니다. 아기가 처음 몸을 뒤집을 때는 얼마나 신기할까요. 다시 돌아가고, 다시 뒤집고. 생각해 보니 이때 몸을 좌우로 뒤집는 것이 아기에게는 결코 쉽지 않을 것입니다. 어느 정도 넘어가다가 멈추기도 하고요. 네, 그럴 때는 몸이 꼬여 있는 상태 그대로 놔두면 됩니다. 이 어색하고 힘든 자세에서도 숨은 편안하게 쉬어야 합니다. '아기들은 어떻게 저런 자세로 잠을 잘까?' 하면서 몸을 펴 준 기억도 떠올려 보세요. 아기는 그렇게 불편해 보이는 자세에서도 편하게 숨을 쉽니다.

이제 아기가 몸을 뒤척이다가 넘어가지 못한 상태를 조금 오래 유지합니다. 그러다가 엎어져서 앞으로 나아가려고 손과 발을 들고 버둥거리는 동작을 해 봅니다. 흔히 배밀이라고 하지요. 이 동작은 몹시 힘들 것입니다. 이 힘든 동작을 해야만 아기들의 근육이 단단해집니다.

기어 보기

아기가 기어가듯이 앞으로 기어가 봅니다. 다만, 우리는 아기처럼 무릎으로 기어가지 말고 양손과 양발을 펴서 땅바닥에 댄 채로 기어 봅니다. 이 동작은 생각보다 더 중요하다고 합니다. 그런데 요즘 어린이들은 기는 동작을 오래 하지 못합니다. 조금만 기면 바로 소파를 잡고 일어서기 때문입니다. 이것을 어린이들의 발육이 빨라져서라고 생각하는 사람도 있지만 그렇지 않습니다. 기는 동작은 일부러라도 오래오래 해야 합니다. 그래야 몸의 근력을 충분히 성장시킬 수 있습니다. 이런 과정이 부족하다 보니 성인이 되어서도 몸을 단련하기 위해 팔굽혀펴기를 하고 플랭크 자세나 다운워드 도그 자세를 연습해야 하는 것입니다.

일어나 걷고 움직이기

이제 천천히 일어섭니다. 일부러 아기처럼 일어서다 넘어지는 연기까지 할 필요는 없습니다. 천천히 일어서면서 척추의 움직임을 살핍니다. 발바닥이 바닥에 닿는 느낌도 음미합니다. 발을 움직여 보면서 발바닥에 느껴지는 감각을 되도록 오래 느껴 봅니다. 천천히 천천히 발을 옮기다가 차츰 걸어 봅니다. 눈으로는 편하게 사방을 둘러보고 그 시선이 가는 곳으로 발을 움직입니다. 마치 〈어린이 찬미〉의 이 대목처럼 말이지요.

마른 잔디에 새 풀이 나고, 나뭇가지에 움이 돋는다고, 제일 먼저 기뻐 날뛰는 이도 어린이다. (중략) 기쁨으로 살고, 기쁨으로 놀고, 기쁨으로 커 간다.

이제 이 기쁨을 만끽하며 움직여 봅니다. 풀도 밟아 보고 흙도 밟으면서 자연이 주는 기쁨을 몸으로 느끼면 더욱 좋습니다. 불어 오는 바람에 따라 이리저리 흔들리도록 몸을 놓아주고, 들려오는 소리에 몸을 얹습니다.
이제 누구나 최고의 무용수가 될 수 있습니다.

어린이는 모두 시인이다. 본 것, 느낀 것을 그대로 노래하는 시인이다.

그렇습니다. 연극은 표현이고, 표현력을 기르는 방법은 어린이로 돌아가는 것입니다. 있는 대로 보고, 느껴지는 대로 느껴 보는 것입니다. 이제 우리의 목표는 무엇일까요?

어린이는 복되다! 이때까지 모든 사람들은 하느님이 우리에게 복을 준다고 믿어 왔다. 그 복을 많이 가져온 이가 어린이다. 그래 한없이 많이 가지고 온 복을 우리에게도 나누어 준다. 어린이는 순 복덩어리다.

바로 〈어린이 찬미〉의 이 문장대로 어린이가 되어 보는 것입니다. 복된 어린이가 되어 보는 것이지요. 어린이가 된다는 것은 바로 이런 마음입니다. 어린이와 같은 순수한 마음을 가져야만 꾸미지 않은 자연스러운 표현을 할 수 있습니다. 방정환 선생은 이런 부분을 익히 알고 있었을 것이고, 그렇기 때문에 선생의 연기가 관객들의 마음에 절절히 와닿았을 것입니다.

몸으로 〈어린이 찬미〉를 표현하기

방정환 선생의 〈어린이 찬미〉를 몸으로 표현하는 법은 어렵지 않습니다. 먼저 글을 읽고 책장을 덮은 다음 기억에 남는 인상을 간단한 단어로 적어 봅니다. 잠자는 어린이, 고요와 평화, 찡그림, 웃음, 복스러움, 봄, 바람과 비 등……

그렇게 적은 단어와 연관된 말들을 써 봅니다. 예를 들어 '잠자는 어린이'에는 '쌔근쌔근', '포동포동' 같은 말이 어울리겠네요. 그리고 경험을 더해 아기가 걷는 모습을 상상하면 '아장아장' 같은 단어가 떠오르기도 합니다.

지금까지 적은 단어들의 느낌대로 몸을 움직여 봅니다. 정답은 없습니다. 생각이 나는 대로 몸이 움직이는 대로 무엇이든 표현해 보면 됩니다.

이제 여러분은 자신만의 '어린이 찬미'를 실천하신 겁니다. 그 느낌을 어떤 식으로든 글로 쓸 수 있다면 더욱 좋겠네요. 여러분만의 어린이 찬미를!

6.
방정환 따라 하기(2):
창조적 계승

아모나 하기 쉬운 연극

이 장에서는 방정환 선생이 말했던 아무나 쉽게 연극하는 방법을 알아보려고 합니다. 사실 일반인들이 희곡을 쓰고 이것을 외워서 무대에 올린다는 것은 보통 힘든 일이 아닙니다. 생각보다 많은 시간과 노력이 필요합니다. 더군다나 현대인들에게는 여럿이 모여서 공동 작업을 할 시간이 그리 많지 않습니다. 이것은 전문가 집단에서도 일어나는 일로, 함께 작업하기가 점점 더 어려워지고 있습니다.

오늘날 우리에게 '아모나 하기 쉬운 연극'은 정말 가능할까요? 지금부터 이러한 한계들을 충분히 고려하면서도 누구나 연극을 할 수 있는 방법을 소개해 보겠습니다.

보통 연극을 한다고 하면 희곡부터 써야 한다고 생각합니다만, 앞서 말했듯이 일반인들이 희곡을 쓴다는 건 결코 쉬운 일이 아닙니다. 글을 말로 표현하기란 더욱 어렵고요. 그래서 저는 일반인들과 연극을 할 때는 되도록 대본을 주지 않습니다. 대본을 주더라도 외울 시간을 주지 않습니다. 참고만 하라고 일러 줍니다. 그렇다면 정말 대본 없이 연극을 할 수 있을까요?

실제로 있었던 사례를 몇 가지 소개합니다. 한 도서관에서 중학생들과 〈마당을 나온 암탉〉을 연극으로 만들어 보자는 청이 들어왔습니다. 이 작품은 황선미 작가의 동명 소설을 원작으로 하는데 극단민들레에서 신체 마임극, 뮤지컬, 테이블 연극, 이야기극 등 다양한 방법으로 도전해 왔습니다. 공연할 때마다 많은 시간과 비용을 들이지만 항상 '고지를 눈앞에 두고 내려오는 심정'이 드는 작품입니다.

그만큼 쉽지 않은 작품을 연극반 학생들도 아닌 일반 중학생들과 연극으로 만들어야 한다니! 게다가 전부 열 번밖에 만날 수 없다는 것입니다. 〈마당을 나온 암탉〉을 열 번의 연습만으로 공연할 수 있을까요? 극단에서 그렇게 많은 시간과 비용을 들여 다양한 방법으로 접근해도 늘 어딘가 부족했던 작품을 학생들과 만들 수 있을까요?

결론적으로 말하면 가능합니다. 그것은 '목적'이 달라서 얼마든지 가능한 일입니다. 극단에서 전문적으로 작업할 때는 원작과는 별도로 '무대 예술로서의 독창성과 완성도'를 담보해야 합니다. 하지만 학생들과는 이러한 부담은 접어 두고, 작품의 이해와 더불어 창의적인 방법으로 해석하고 연극 만드는 과정을 즐기는 데 목적을 두었습니다. 완성도는 처음부터 그렇게 중요한 목적이 아니었습니다.

다음 글에서는 〈마당을 나온 암탉〉을 비롯해 몇 가지 작품들로 일반인들과 연극을 만들었던 과정을 소개하겠습니다.

학생들의 연극 만들기, 〈마당을 나온 암탉〉

저는 그동안 다양한 방법으로 〈마당을 나온 암탉〉을 공연하다 보니 여러 종류의 대본을 갖게 되었습니다. 하지만 한 도서관의 요청으로 중학생들과 이 작품을 연극으로 만들 때는 참가자들에게 대본을 미리 주지 않았습니다. 함께 모여 연습할 시간이 열 번밖에 없었는데도 말입니다.

작품 읽기

우선 첫 연습 전에 각자 책을 읽고 오자고 했습니다. 정독한 친구들도 있었고, 대강 훑어본 친구들도 있었습니다. 원작인 소설 대신 만화책을 읽고 온 친구도 있었습니다. 하지만 문제 될 건 없습니다. 사실 제가 필요했던 것은 작품을 대강 본 친구들의 느낌

〈마당을 나온 암탉〉

원작자: 황선미

주요 등장인물: 잎싹, 초록머리, 나그네, 족제비, 수탉, 암탉, 오리들, 청둥오리들 외

내용 소개: 양계장에 갇혀 알만 낳는 잎싹은 늘 '알을 품어 병아리를 키우고 싶다'는 소망을 품는다. 그러다 알을 낳지 못해 버려지고 마당에서도 쫓겨나지만 들판에서 우연히 알을 발견하고 그 알을 품는다. 잎싹은 아기를 더 편안한 환경에서 자라게 하고 싶어 마당으로 가지만, 아기는 주둥이가 둥근 오리였다. 아기의 날개를 잘라야겠다는 주인의 말을 듣고 잎싹은 스스로 마당을 나오는데……

이었으니까요.

첫 만남에서는 학생들이 이야기를 읽고 난 후의 감상을 나누게 했습니다. 가장 인상적인 장면, 좋아하는 등장인물, 읽고 난 느낌 등. 그리고 연극을 만들기 위해 간단한 줄거리를 직접 쓰게 하고, 각자가 쓴 줄거리를 함께 축약했습니다.

장면 정리하기

다음으로는 완성된 줄거리를 토대로 이야기 속 장소, 즉 무대가 몇 장면으로 이뤄지는지 알아봤습니다. 이야기는 주로 마당과 저수지에서 이뤄졌고, 양계장과 닭무덤도 필요했습니다.

본격적으로 이야기를 구성하기 위해 장면의 순서를 정했습니다.

① 양계장 → ② 닭무덤 → ③ 마당 → ④ 들판과 저수지 → ⑤ 마당 →
⑥ 들판과 저수지 → ⑦ 마당 → ⑧ 들판과 저수지

각 장면에서 어떤 사건이 일어나야 다음 단계로 넘어갈 수 있는지, 장면마다 중심인물이 누구이며 인물들이 어떤 행동을 해야 하는지에 관해 의견을 나누고 다음과 같이 각 장면을 정리했습니다.

〈마당을 나온 암탉〉 장면 정리

① 양계장

닭들은 알을 낳지만 행복하지 않다. 억지로 알을 낳는다. 스스로 잎싹이란 이름을 지은 한 암탉은 비록 알을 낳지 못하지만 알을 품고 싶고 날고 싶다는 소망을 갖는다.

② 닭무덤

나그네(청둥오리)의 도움으로 잎싹은 족제비로부터 목숨을 구한다. 족제비가 한발 늦게 도착해 안타까워한다.

③ 마당

잎싹이 나그네를 쫓아 마당에 들어오지만 마당 식구들의 구박을 받고 쫓겨난다. 잎싹 눈에는 수탉이나 마당 암탉이 부자같이 보인다. 오리들은 수탉이나 암탉에게 당한 구박을 잎싹에게 화풀이한다. 늙은 개는 이쪽저쪽 눈치를 살핀다.

④ 들판과 저수지

마당에서 쫓겨난 잎싹은 자연에 적응하고, 나그네와 뽀얀 오리도 만난다. 어디선가 비명이 들려와 달려가 보니 알이 있어서 그 알을 품는다. 알을 품고 싶다는 소망이 이뤄진다. (시간의 흐름) 밤새 시끄럽게 굴던 나그네가 족제비한테 당한다. 그제야 나그네의 행동이 자기를 지켜 주기 위한 것이었음을 알게 된다. 알에서 아기가 탄생한다.

⑤ 마당

잎싹은 아기를 데리고 마당으로 들어간다. 아기가 있으면 환영받을 것이라고 생각했지만, 아기의 날개를 자르겠다는 주인의 말에 스스로 마당을 나온다.

⑥ 들판과 저수지

아기의 날개를 자르려고 해서 도망을 나왔지만 어쩌면 그것이 아기를 위하는 일일지도 모른다고 생각한다. 아기에게 '초록머리'라는 이름을 붙여 준다. (시간의 흐름) 부쩍 자란 초록머리가 자신이 어미와 생김새가 다르다고 심통을 부린다. 족제비가 초록머리를 잡으려는 순간, 잎싹이 족제비에게 달려들고 족제비는 피를 흘리면서 도망간다. 그 순간 달아나던 초록머리가 하늘을 난다. 첫 비행이다!

⑦ 마당

어미와 자신이 완전히 다른 족속임을 확인한 초록머리는 스스로 마당으로 들어간다. 마당에 들어간 초록머리는 주인에게 잡혀 끈으로 다리를 묶인다. 이것을 본 족제비가 초록머리를 잡겠다고 마당으로 달려든다. 족제비를 쫓아낸 주인이 초록머리 다리에 묶인 끈을 풀고 다른 곳으로 옮기려고 할 때 잎싹이 달려든다. 주인이 깜짝 놀라 줄을 놓친 사이에 초록머리가 탈출한다.

⑧ 들판과 저수지

청둥오리 떼가 날아온다. 초록머리가 이들과 섞이려고 하지만 다리에 묶인 끈 때문에 외면당한다. 잎싹이 부리를 망가트려 가며 초록머리 다리에 묶인 끈을 끊는다. 자유로워진 초록머리는 지형과 족제비의 특성을 잘 알고 있는 덕분에 무리의 파수꾼이 된다. 평화로운 철새들의 춤. 족제비는 초록머리 때문에 사냥을 못 하여 몹시 야윈 상태에서 새끼를 낳는다. 봄이 되자 청둥오리들이 떠날 채비를 한다. 초록머리가 잎싹에게 마지막 인사를 하기 위해 찾아왔을 때, 족제비가 초록머리의 다리를 잡는다. 잎싹은 족제비 새끼를 잡고 초록머리를 놔 주게 한다. 간신히 목숨을 구한 초록머리가 다른 철새들과 함께 멀리 떠난다. 초록머리가 사라지는 동안 날개를 흔든 잎싹은 그제야 날개의 존재를 느끼고, 다시금 날고 싶다는 소망을 품는다. 이때 족제비가 나타나지만 잎싹은 도망가지 않고 족제비에게 잡혀 먹이가 된다. 눈을 떠 보니 잎싹은 하늘을 날고 있는데, 아래쪽에서 족제비가 암탉(잎싹)을 입에 물고 가는 게 보인다.

장면을 연극으로 구성하기

장면과 장면을 연결하면서 자연스럽게 줄거리가 정리됐습니다. 전체 내용을 다 연습하기는 어려우니 7장(마당)과 8장(들판과 저수지)에 집중하기로 했습니다. 또 이야기 속 주인공인 잎싹을 한 명이 연기하면 부담이 될 것 같아 여러 명이 나눠서 연기하기로 했습니다. 대신 관객들이 혼동하지 않도록 특별한 머리띠를 만들고, 그 머리띠를 두르는 사람이 잎싹인 것으로 약속했습니다.

양계장 닭들의 행동을 현실에 안주하려는 사람들의 모습으로 표현해 보자는 의견이 있어서 그에 맞는 대사를 학생들이 직접 찾게 했습니다. 춤을 넣으면 좋겠다는 의견도 있었습니다. 그래서 철새들이 날아오는 장면에 춤 동작을 배치하여 학생들이 장기를 맘껏 펼칠 수 있게 했습니다.

공연 연습을 대여섯 번 하고서는 각 장면을 '움직이는 조각(타블로)'으로 만들었습니다. 그리고 그 조각들이 변하는 과정을 연습하면서 무대 동선을 이해시켰습니다. 모두가 열심히 참여했지만 한

번에 두 시간씩, 총 열 번을 만나 연극 공연을 준비한다는 건 처음부터 어려운 일이었습니다. 그래서 잎싹과 족제비가 대치하는 장면을 만들 때는 따로 몇 번 더 만나 연습했습니다.

실제 공연과 후기

이렇게 연습을 하다 보니 처음의 대본과는 전혀 다른 대본이 나왔습니다. 그것도 리허설 전에 말입니다. 일부러 대본을 보여 주지 않았는데, 학생들이 하도 대본을 달라고 아우성을 쳐서 할 수 없이 대본을 건네주었습니다.

그런데 아뿔싸! 감당할 수 없는 일이 발생하고 말았습니다. 배우들이 대사를 생각하느라 지금까지 진행한 흐름을 다 놓친 것입니다. 외울 필요가 없다고 그렇게 강조했건만, 대본을 보면 그대로 외우고 싶은 것은 어쩔 수 없는 일인가 봅니다. 발표를 돕겠다고 찾아온 단원들도 학생들이 우왕좌왕하는 모습을 보고 불안해서 어쩔 줄 몰라 했습니다. 그래도 연습 덕분인지 공연 때는 어느 정도 안정되었습니다.

연극 준비에서 또 한 가지 아쉬웠던 점은 런스루(Run-through, 처음부터 끝까지 끊지 않고 연습하기)를 하지 못했다는 것입니다. 그 바람에 극의 전체 리듬과 템포를 조절할 수 없었습니다. 사실 이 작업은 연극을 무대에 올릴 때 매우 중요합니다. 결과적으로 처음에는 어느 정도 연습하고 계산한 대로 극이 흘러갔지만, 중간 이후부터는 (대사를 정한 것이 아니었기 때문에) 스스로 꼭 들려줘야 한다고 생각하는 내용을 반복해서 말하는 사람이 생기면서 템포가 떨어지고 말았습니다. 이처럼 연습 마무리 단계에서 처음부터 끝까지 이어서 해 보는 작업은 꼭 필요하기 때문에 공연을 만들 때는 되도록 생략하지 않기를 권합니다.

학생들과의 공연은 완성도를 떠나 매우 의미 있는 작업이었습니다. 대본에 의지하지 않고 함께 장면을 구성했으니까요. 대본을 주면 아무래도 연극의 흐름을 전체적으로 파악하지 않고 자기 대사만 외우려는 참여자들이 생기기 마련입니다. 하지만 이런 방법으로 연극을 준비하면 모두가 작품을 이해할 수 있고, 한층 더 능동적으로 참여할 수 있습니다.

지역 이야기로 연극 만들기, 〈지네산은 살어 있다!〉

　일반인들과 지역 이야기를 연극으로 만들었던 사례를 소개하려고 합니다. 일반인들이 잘 알고 있는 지역의 이야기들은 대부분 틀을 어느 정도 갖추고 있습니다. 그런데 향토사(鄕土史)에 반 페이지 이내로 정리된 이야기들은 연극으로 만들기에는 그 내용이 너무도 빈약한 경우가 많습니다. 그럼에도 '지역 이야기 발굴'이라는 이름으로 다양한 작업이 이뤄지고 있는 건 그만큼 의미 있는 일이기 때문일 것입니다.

　이번에 소개할 사례는 '지네산'과 관련한 이야기입니다. 어떤 마을에 지네산이라는 이름의 산이 있었는데, 이 산과 관련한 전설이 다음과 같이 전해 내려옵니다. 임진왜란 때 왜군들이 침입을 해 와서 마을 사람들이 산으로 피신했는데, 왜군들이 쫓아오자 산에 사는 지네가 독안개를 뿜어 왜군들을 물리쳤다는 내용입니다. 이렇게 짧은 이야기임에도 불구하고 인근 마을에서는 매년 지

<지네산은 살어 있다!>
지은이: 송인현
주요 등장인물: 마을 사람들, 왜군들, 지네
내용 소개: 임진왜란 때 왜군들이 한 마을로 쳐들어온다. 마을 사람들이 산으로 피신하자 왜군도 그 뒤를 쫓는다. 그때 지네가 독안개를 뿜어 왜군들은 물리치고 마을의 안녕을 지킨다.

네산에 산제(山祭)를 지냈고, 그 기간에는 밭은 갈면 쟁기에 지렁이가 죽을까 봐 밭도 갈지 않고 부부 생활도 자제했습니다.

그런데 어느 날 그 산이 없어졌습니다. 자동차 공장에서 야적장을 만드느라 산을 없앤 것입니다. 대신 그 산에서 나온 흙으로 인근 바닷가의 만(灣)을 메워서 또 다른 야적장을 만들었습니다. 기업으로서는 산 하나를 없애서 두 개의 야적장을 얻었으니 매우 경제적인 일을 한 것입니다.

예술가의 눈

이 지네산 이야기를 인도에서 온 한 예술가에게 들려줬습니다. 그랬더니 그가 '자본에 의해 신화가 사라진 사례'라는 말을 했고,

그 순간 '이것이 예술가의 눈이로구나!' 하는 생각이 들었습니다. 다음 해에 그 친구를 초청해서 지네산 이야기로 〈산이 운다〉라는 이름의 연극을 만들었습니다. 이 작품으로 주민들 앞에서 공연하고, 또 인도에서 8개 도시 순회공연도 했습니다.

이 인도인 예술가는 제게 큰 충격을 주었습니다. 그때까지 저는 사회가 알려 주는 것을 잘 '이해'하려는 노력을 해 왔습니다. 정답을 찾는 교육을 받았고, 이를 얼마나 잘 수행하느냐에 따라 평가가 갈리는 사회에서 살았습니다. 그런데 이 친구로부터 '다른 생각'을 한다는 것이 무엇인지를 분명하게 알게 되었습니다. 그것이 바로 예술가의 눈이었습니다.

예술이 사회에 기여하는 방법 가운데 하나가 '현실을 다르게 보는 눈'을 갖는 것이라는 생각을 했습니다. 저는 사라진 산과 이런 약속을 했습니다. "산아, 지네산아! 네가 살아 있을 때보다 더 큰 산이 되게 하리니!" 그리고 새로운 의문이 떠올랐습니다. "누가 주인인가?" 하는 것입니다. 그 산의 주인은 땅문서를 자동차 공장에 팔았고, 자동차 공장은 재산권을 행사했습니다.

그렇다면 그 산이 없어지면서 사라진 '이야기'는 누구의 것인가요? 인간이 자기 것이라고 문서로 만들어 두지 않은 것에는 아무 의미가 없을까요? 문서가 없는 것은 함부로 없애도 되는 것일까요? 과연 사람이 가질 수 있는 것은 무엇일까요? 정신적인 가치도 물질(저작권)로 등재해야만 의미가 있는 것일까요?

이러한 질문을 하게 되었고, 이 질문은 '소유'에 대한 제 철학도 바꿔 주었습니다. 이후 작품의 주제에도 조금씩 변화가 생겼습니다. 지네산 이야기를 다룬 〈누가 임자?〉라는 희곡을 완성할 수 있었고, 또 다른 희곡인 〈무릉의 복숭아 동산〉을 쓸 때는 소유에 대한 변화된 철학과 생각을 담을 수 있었습니다.

지네산 이야기로 연극 만들기

지네산 이야기, 〈지네산은 살아 있다!〉를 통해 실제로 '아모나 하기 쉬운 연극'을 했던 적이 있습니다. 다양한 연극 형태 중에서 '풍물극'을 주민들과 함께 만들었는데, 지네산 이야기를 풍물에 실어서 극적으로 표현한 것입니다.

제일 먼저 마을 사람들과 지네산 이야기를 나눴습니다. 어르신들은 그 산에 대해 또렷하게 기억하고 있었지만 젊은 사람들은 어려서 들어 본 것 같다는 정도로만 희미하게 기억하고 있었고, 새로 이사 온 사람들은 아예 그 존재조차 몰랐습니다. 그래서 함께 이야기를 나누는 시간이 필요했습니다.

풍물극이라면 대사를 하지 않고도 전체 느낌을 전할 수 있어야 합니다. 내용을 최대한 단순화해야 합니다. 그래서 우리는 전체 줄거리를 다음과 같이 간략하게 정리했습니다.

줄거리

① 평화로운 마을에 왜군이 침입한다.

② 지네가 독안개를 뿜어 왜군들을 물리친다.

③ 다시 찾은 평화!

④ 시간이 흘러 산이 없어진다.

⑤ 사람들은 정성을 들이며 그 정신을 살리려고 노력한다.

먼저 ①번은 두 장면으로 나눴습니다. '평화로운 마을'과 '왜군이 침략'하는 장면입니다. 평화로운 마을을 어떻게 표현할까요? 마을 주민들이 함께 둘러앉아 노래를 부르고 춤을 추고 놉니다. 들밥이 나오면 함께 나눠 먹으며 더욱 흥겨워합니다. 이때 왜군들이 침략을 합니다. 왜군들은 긴 칼을 들고 칼춤을 추는데, 이 역할은 극단 배우들이 맡았습니다. 마을 사람들은 이리저리 피신하다가 산으로 숨어 버립니다. 마을을 장악한 왜군들은 더욱 폭력적인 칼춤을 춥니다.

②번 장면은 지네가 안개를 뿜으며 시작합니다. 물론 야외에서 안개를 전체적으로 연출하기란 불가능한 일이죠. 그것은 '약속'으로 정하기로 했습니다. 즉, 지네가 연기를 뿜고 나면 왜군들은 앞이 잘 보이지 않는다는 것으로 약속했습니다. 마을 사람들은 지형을 잘 알고 있어서 안개 속에서도 이리저리 움직일 수 있지만 왜군들은 당황해하는 상황을 연출했습니다.

안개 속에서 왜군들이 당황해할 때 풍물패들이 이리저리 나뉘어서 등장하여 한쪽에서 꽹과리를 치면 왜군들이 그쪽으로 달려가고, 반대쪽에서 장구를 치면 다시 그쪽으로 달려가면서 결국 왜군들이 지쳐 쓰러지게 했습니다. 다음에는 흩어진 왜군들 사이로 돌아가면서 북을 쳤습니다. 그래서 왜군들이 서로를 향해 총을 쏘고 칼을 휘두르게 했습니다. 이때 우리 풍물놀이에서 흔히 볼 수 있는 대형놀이인 '진쌓기'를 하면서 왜군들을 하나둘 밖으로 밀어냈습니다.

③번 장면에서는 다시 찾은 평화를 연출하기 위해 주민문화교실에서 만든 전시물을 활용했습니다. 처음에는 꽃으로 마을을 장식하려고 했는데, 꽃꽂이 수업이 공연 뒤로 미뤄지는 바람에 간단하게 넘어갈 수밖에 없어서 아쉬웠습니다.

④번 장면을 계획할 때는 ③번과 연결해서 산을 없애는 퍼포먼스를 준비했지만 실행하지는 못했습니다. 자동차를 연상시킬 수 있도록 우산으로 바퀴를 만들어서 행진하는 것으로 계획했는데 막상 연습해 보니 어려움이 있어서 간단하게 넘어갔습니다.

그럼에도 주민들은 누구나 쉽게 ⑤번 장면을 받아들이고 염원했습니다. 풍물놀이 중에 마을 이장이 등장해서 커다란 깃발에 '지네산은 살어 있다!'는 문구를 쓰는 장면도 넣었습니다. 공연 중 글을 쓰는 장면이 이렇게나 힘이 있을 줄은 몰랐습니다. 글씨를 쓰는 장면에 관객 모두가 집중했습니다. 그 깃발을 들고 마을 사람들이 행진하는 것으로 연극을 마무리했습니다.

연극이란 독창적인 작업

이 작업은 풍물 실력으로만 보면 조금은 어설펐겠지만, 우리 마을만의 독창적인 풍물극을 만들었다는 점에서 의미가 컸습니다. 우리 사회에서 점점 풍물이 사라지고 있습니다. 더군다나 풍물놀이를 배워서 하다 보니 거의 모든 풍물에 비슷해지고 있습니다. 그래서 더욱 다른 팀보다 잘하는 것으로 승부를 볼 수밖에 없습니다.

하지만 그 집단만의 독창적인 작업을 한다면 굳이 잘하는 데에만 매달릴 필요가 없습니다. 작업 자체를 즐길 수 있는 것입니다. 자발적이고 독창적인 작업은 설령 완성도가 떨어진다고 해도 충분한 가치가 있는 것입니다.

옛날에는 '도랑만 건너도 가락이 바뀐다'고 했습니다. 냇물도 아니고 도랑이랍니다. 다시 말해서 마을마다 독창적인 풍물이 있었다는 뜻입니다. 그런데 현대는 풍물이 전문가들의 영역이 되면서 완성도에만 치중하게 되었습니다. 그래서 더욱 '아무나 하기 쉬운 연극'을, 그 경험을 나누고 싶습니다. 스스로 놀이를 만들어 즐긴다면 완성도 자체보다 더 중요한 가치를 만들어 나갈 수 있을 것입니다.

즉흥극으로 연극 만들기, 〈마포 황 부자〉

    이번에는 일반인들과 즉흥극으로 공연을 만든 사례입니다. 즉흥극은 전문 연기자들이 살아 있는 연기를 습득하기 위해 활용하는 매우 유용한 훈련 방법입니다. 반면 일반인들이 즉흥극을 하고 그것으로 일정한 수준의 완성도를 만들어 내기란 쉬운 일이 아닙니다.

    그럼에도 대사를 외워서 읽는 것보다는 '말'을 하는 것이 중요하다고 생각하여 즉흥극이라는 방법을 채택했습니다. 정확하게는 같은 즉흥극을 여러 번 연습해서 축약하는 방식이었습니다. 사실 이것은 엄격한 의미에서 즉흥극이 아닐 것입니다. 즉흥극을 활용한 방법이라고 해야겠죠. 어떤 장면을 반복하는 순간 그것은 이미 즉흥극이 아니니까요. 하지만 이것을 알면서도 공연 제작 방법으로 활용했습니다.

    먼저 즉흥극으로 어떤 장면을 만들고, 그 장면을 다시 반복하니

〈마포 황 부자〉

지은이: 송인현, 마포구 염리동 주민들

주요 등장인물: 황 부자(황 서방), 황 부자 딸, 사또, 소금창고 인부들 외

내용 소개: 마포구 염리동에 전해지는 이야기. 황 서방은 염리동 소금창고에서 일하는 인부로 너무 가난해서 병든 부인에게 약 한 첩 못 지어 주고 죽음을 맞게 한다. 이때부터 황 서방은 악착같이 돈을 모아 소금창고를 사고 새우젓 장사도 한다. 장마가 들어 장안에 소금이 귀해지고 김장철이 되어 젓갈을 찾는 사람들이 많아질 때면 매점매석을 해서 큰 부를 쌓는다. 황 부자가 된 황 서방은 고리대금으로 가난한 사람들을 착취한다. 반면에 황 부자의 딸은 돈을 흥청망청 쓴다. 10전짜리 물건을 사고는 20전, 30전을 주고, 쓸데없는 물건들을 사서 돈을 낭비한다.

다. 이 과정에서 즉흥성은 떨어지지만 이야기가 축약되고 대사가 어느 정도 정리됩니다. 장면이 더욱 명징해지는 것입니다. 일반인들이 연기할 때도 관객을 맞이할 때는 최소한의 완성도를 만들어 내야 하기 때문에 즉흥극을 반복해서 연습하는 방법은 매우 유용합니다.

마포구 염리동 주민들과 〈마포 황 부자〉를 연극으로 만들 때 이런 방식을 활용했습니다. 전문 연기자들과 주민이 함께 하는 공연이었지만 등장인물 중 '황 부자'를 제외한 주요 인물은 주민 배우들이 맡았습니다. 전문 배우들은 극을 이끄는 역할만 했습니다.

주민들이 만든 즉흥극으로만 완성되는 장면도 있었습니다. 그 장면이 어떻게 연결되는지 주민들의 이해를 돕기 위해 전문 배우들이 이끔이 역할을 하면서 주민 배우들이 연기할 수 있는 분위기를 만들었습니다.

몇 장면을 주민들이 스스로 꾸며 보게도 했습니다. 즉흥적으로 장면을 만들고 그 장면을 반복하면서 압축했습니다. 이렇게 하니 차츰 주민 연기자들의 말과 행동이 자연스러워졌습니다.

물론 그래도 대사를 달라고 아우성치는 주민들이 있었습니다. 주로 어느 정도 비중 있는 배역을 맡은 분들이죠. 이 경우에는 연습실에서만 잠깐 대본을 보여 주고 다시 돌려받았습니다. 그 잠깐 동안 열심히 대사를 외우려고 했지만 소용없었습니다.

자연스럽게 주민 배우들은 작품을 전체적으로 이해할 수 있었고, 장면을 압축하는 방법도 터득해 갔습니다. 공연은 3년을 지속했는데, 매년 에피소드와 의미를 달리해서 참여하는 주민들이 지난해에 했던 공연을 따라 하지 못하게 했습니다.

이런 방법으로 연극을 하니 일반인들이지만 아주 자연스럽게 말을 할 수 있었습니다. 참관했던 연극과 교수도 깜짝 놀랐습니다. 일반인들의 대사가 너무도 자연스러웠으니까요.

꼭 대본이 있어야 연극을 할 수 있는 건 아닙니다. 누구든 어린 시절 소꿉놀이를 했던 기억이 있을 겁니다. 그것을 상상하면 누구나 연극을 할 수 있습니다. 아무나 연극을 할 수 있는 것이죠!

1920년 6월에 발행된 《개벽》 창간호 표지(좌)와 방정환 선생이 운영했던 개벽사가 발행한 잡지 및 단행본들(우). 방정환 선생은 《어린이》를 비롯해 《개벽》, 《신여성》 등 10개가 넘는 잡지를 발행하며, 살아 있는 우리말을 통해 우리 이야기를 들려주고 싶어 했다. 결이 살아 있는 말로 우리의 말맛을 찾아내는 것이 방정환 선생이 생각했던 '말의 정신'이었다.

부록.
1. 방정환 헌정 희곡
2. 방정환 어린이극을
   이어 가는 사람들

방정환 헌정 희곡

불 켜는 이: 소파, 방정환 100
송인현 작

줄거리

죽음을 앞둔 방정환에게 그림자가 다가온다. 그 그림자는 바로 자기 자신이다. 방정환은 죽음을 앞두고 자신에게 속마음을 털어놓는다. "상업학교를 졸업해서 은행원이 되었다면 조금은 안정된 생활을 할 수 있지 않았을까?" 하는 생각부터 가족들과 오순도순 지내지 못했음도 아쉬워한다. 어린이들에게 이야기를 들려준 것이 얼마나 잘한 일이었는지를 다시 확신하지만, 암울한 시대를 뚫고 가야 하는 어린이들을 생각하니 마음이 무거워진다. 그럼에도 어린이들이 있음에 희망을 품고 어린이들의 노랫소리와 함께 죽음을 맞이한다.

등장인물

방정환

소파(방정환의 여러 분신이며 때로는 다른 역할도 함)

어린이들

병실.

멀리서 노랫소리-

어린이들의 합창이 가까워졌다가 다시 멀어진다.

방정환, 힘들게 일어나 그 소리를 쫓는다.

사라진 소리, 그 소리를 쫓으면서 촛불을 켠다.

소리가 멀어져 가는 방향을 살핀다.

한동안 촛불을 바라보다가 힘을 얻고-

여기저기 흩어져 있는 물건들을 가방에 담는다.

그리고 거울을 보고 옷을 입고 모자를 쓴다.

마치 이야기(구연)를 다니던 모습.

잠시-

가방을 엎어 놓고 몇 권의 책을 꺼낸다.

그리고 공책을 펴고 펜을 잡는다.

이때 '소파'가 나타나 방정환이 글 쓰는 것을 보고 있다.

방정환, 피곤이 밀려온다.

소파: 그만 쉬시게.

방정환: (깜짝 놀라) 누구요?

소파: 아프시다며?

방정환: 누구시냐니까?

소파: 소파.

방정환: 소파라니? 소파는 나요. 나 말고 또 다른 소파가 있다는 말이야?

소파: 소파가 나 말고 또 누가 있겠어?

방정환: 내가 소판데?

소파: 내가 소파라니까. 작은 물결.

방정환: ?

소파: 얘기하고 싶다며?

방정환: 내가?

소파: 그래서 펜을 들었잖아.

방정환: 이건……. (얼른 펜을 내려놓는다.)

서로 오래 바라본다.

소파: (방정환 주위를 한 바퀴 돌고) 알고 있잖아.

방정환: 뭘?

소파: 때가 되었다는 것.

방정환: …….

소파: 얼마 남지 않았다는 것. 그러니 이제 그동안 속에 담아 두었던 이야기, 못다 한 이야기, 가기 전에 쏟아 놓고 싶은 이야기, 그리

고…….

방정환: …….

소파: 무슨 얘길 하고 싶지?

방정환: 어린이!

소파: 아니, 더 깊은 곳에서 들리는 소리. 사랑, 열정, 후회, 욕망, 아니면…….

방정환: (잠시) 어린이! 난 일본으로 가기 전부터– 3·1 독립 만세 운동 이후로 더 확실해졌지. 어린이, 어린이에게 희망이 있다고!

소파: 독립이 아니고?

방정환: 조선 사람이라면, 그걸 가슴에 품지 않은 사람이 어디 있겠어?

소파: 그런데 왜 독립을 접었지?

방정환: 넌 누구야?

소파: 너의 진실.

방정환: 괜한 의심은 아니고?

소파: 내가?

방정환: 네가 내 진실이라면, 그럼 그 사정을 누구보다 잘 알 것 아니야? '어린이', '어린이가 행복한 나라!' 이걸 꿈꾼다는 건– '독립' 그 이상, 그 너머의 세상을 꿈꾸는 거잖아. 모두가 모두를 위한 세상.

소파: 모두가 모두에게 이로울 수 있을까?

방정환: 어린이가 행복한 나라! 그게 독립이 되지 않고 가능한 일이
야? 조선뿐 아니라 일본에도, 아니, 아시아를 넘어 온 세상이
다 이로운-

둘: (동시에) 사람이 하늘인 세상!

잠시 침묵.

방정환: 기미년에, 난 장인어른한테도 알리지 않고 보성사에서 인쇄
한 독립선언서 2만 5천 장을 전국으로 보냈어. (뭉치를 옮기다가
등사된 선언문을 꺼내 들고 흥분하여 읽는다.) 오등은 자에 아조선의
독립국임과 조선인의 자주민임을 만방에 선언하노라! 차로써 세
계만방에 고하오니…….

소파: (빼앗으며) 꼭 이렇게 어렵게 써야 돼? 이게 무슨 말인지 정확하
게 알 수 있는 사람이 얼마나 돼? 아무리 유려한 문장이래도,
우리 민족과 함께 할 중요한 선언문이라 해도. 아니, 그러니까
더 쉽고 명징하게 썼어야 하는 거 아냐?

방정환: 우리가 모르는 사정이 있었겠지.

소파: 아무리 사정이 있다고 해도- 지 이름 석 자, 지 글에 넣지 못
하는 사람의 글이 힘이 있겠어? 글에는 책임이 따르는 거야. 책

임지지 않겠다는 사람의 글이 힘이 있겠냐고? (톤을 바꿔) 그래, 우리라도 뜻을 풀어, 쉽게 써서 등사하면 어떨까? '우리는 독립을 원한다!' '민족 자결의 원칙을 지켜라!' '일본은 돌아가라!' 얼마나 분명해?

방정환: 내일 만세를 부르고 나면, 여기저기서 그렇게 자기 목소리로 독립을 외치는 사람들이 있을 거야. "이 땅은 내 것이다!" "내가 농사지은 건 내가 내 마음대로 팔겠다!"

소파: 그래, 유려한 문장보다 쉬운 우리말로 명확하게 썼다면, 그럼 더 힘이 있었을 거 아냐? 더 많은 사람들이 참가했을 거고.

방정환: 최선을 다했어. 얼마나 많은 사람이 만세를 불렀어? (회상하며) 만세, 만세, 대한 독립 만세!

방정환은 그 여운에 빠져든다.
마치 그날의 만세 운동이 눈앞에 펼쳐지는 것 같다.

소파: 결과까지 얻었어야지, 결과를!

방정환: 임시정부를 수립했잖아.

소파: 임, 시, 정, 부?

방정환: 태화관에 모이셨던 분들도 중요하지만, 그보다 먼저 밖에서 준비한 분들의 노고가 컸잖아. 백범 김구 선생이나 몽양 여운형

같은 분도 서른세 분, 거기엔 이름이 없어. 하지만 밖에서……

소파: 백범 선생은 이미 중국에 가 계셨고 몽양은 러시아에.

방정환: 그래, 파리 만국회의에 김규식 선생만 가서 이야기하는 것보다 국내에서 독립을 원한다는 확실한 행동이 필요했던 거야. 그래서 3·1 독립 만세 운동을 시작한 거고, 밖에 계신 분들이ㅡ 밖에 계셨던 김구, 김규식 같은 분들이 임시정부를 만들었잖아.

서로 바라본다.

소파, 고개를 끄떡인다.

방정환: 그 뒤로 얼마나 감시가 심해졌는지. 난 쫓기다시피 일본으로 갔지.

음향ㅡ

바삐 움직인다.

커튼에 비치는 그림자ㅡ

일본 유학 당시의 이미지들ㅡ

그사이 병실의 침대 등이 위치를 바꾼다.

방정환: 일본서, 일본엔 어린이들을 위한 동화책이 그렇게 많은 걸

보고 얼마나 놀랐는지. 안데르센, 그림 형제, 이솝. 그리고 영미의 많은 동화들…….

소파: 거기다 〈아라비안나이트〉까지! (양탄자 타는 시늉을 한다.)

방정환: 다양한 얘기를 일본어로 번역해서 어린이들이 쉽게 읽을 수 있게 하고―

소파: 이야기도 들려주고.

방정환: 우리 어린이들한테도 이야기를 들려주고 싶었어. 어린이들이 이야기를 듣는다는 건― 사람이 밥을 먹는 것과 같이 꼭 필요한 일이거든. 그런데 지금― 우리 어린이들은 얘길 들을 시간이 없으니!

소파: 아이고, 어린이들이 얼마나 고돼? 얘기? 얘기를 듣는다고?

방정환: 밥을 먹어야 몸이 자라듯 얘길 들어야 정신이 자라는 것. 얘긴 밥과 같이 본능적인 거라고. 엄마 젖이 아기의 생명을 기르는 것과 같이 얘긴 어린이의 정신을 키우는 양식이야!

소파: 하지만 우리 어른들은 돈, 돈, 돈벌이에만 관심이 있지. 아님 숫자. 1등, 오직 1등, 1등. 얘기 따윈 쓸데없는 거라고 생각해.

방정환: 이야기가 어디 어린이만을 위한 거야? 어린이부터 노인까지, 누구나! (위에 올라서서 웅변하듯) 작가는 어른이나 어린이만을 대상으로 글을 쓰는 것이 아니라 인류가 가진 영원한 아동성을 위해 글을 써야 한다! 어른들이여, 원하노니 귀여운 어린이들에게

돈을 주지 말고, 과자 주지 말고, 겨를 있는 대로, 기회 있는 대로, 신성한 이야기를 들려주시오! 아무 이야기, 시시콜콜한 이야기가 아니라 신성한 이야기를 때때로, 자주자주!

소파: 잡지, 잡지가 어때?

방정환: 잡지?

소파: 잡지라면 매달 새로운 이야기를 실을 수 있지 않아? 많은 이야기를 들려줄 수 있고. 또, 호기심도 길러 주고!

방정환: 진작부터 잡지를 생각했지만 시작하려면 워낙 돈이 들어서…….

소파: 시작하는 건 장인한테 좀 도움을 받는 거야. (방정환의 반응을 살피면서) 물론 다음부턴 직접 책임져야지.

방정환: 그래! (움직이다가 갑자기 멈춰 선다.)

기다리는 여인(망부석) 이미지─
아기를 둘러업고 일하는 이미지─
그런 부인이며 어머니 이미지가 스쳐 지나간다.

소파: 왜?

방정환: 아내한테 미안해서.

소파: (웅변하듯) 물질은 나누면 나눌수록 작아지지만 사랑은 아무리

나눠도 작아지지 않는다! 하지만 물리적인 시간이 너무 모자라지?

방정환: 그래. 잡지를 만들다 보면, 교정 뭉치를 옆에 끼고 인쇄소 문을 나서면─ 달빛이 눈보다 더 쌀쌀했지. 밤 10시 넘기는 건 보통. 사나흘 쉬지 않고 싸워야 책이 나오는데, 한시라도 빨리 어린이들에게 책이 전달되게 하려면 보내는 곳을 잘 분류해야 하고─ 텅 빈 전차를 타고 집에 도착하면 밤 11시가 넘고, 식구들은 모두 자고…….

그림자─
아내가 일어난다.

방정환: 아냐, 밥 먹었어. 자.

잠시 방정환을 바라보다 피곤한 듯 다시 눕는다.

방정환: 아내는 잠결에 일어나 그 시간에도 뭘 차리려고 했지. 난 너무 미안해서 밖에서 먹고 왔다고, 그냥 자라고 했고.

소파: 그래. 따뜻한 된장찌개에 생선 한 토막, 가족들이 오순도순 둘러앉아 밥을 먹고, 놀이를 하고…… 그리고 사랑을 나누고!

방정환: 그러고 싶었어. 그러고 싶었지.

소파: 그럼 그때 상업학교를 졸업했어야지.

방정환: 그때……?

소파: 상업학교를 졸업했더라면, 지금 꿈꾸는, 그런 생활을 할 수 있지 않았겠어? 조금은 편하지 않았겠냐고? 사는 게.

방정환: 아!

방정환, 선린학교 학창 시절을 회상하며 어느 순간 학생이 된다.

방정환: 상업학교 졸업반이 됐을 때, 정말 고민이 많았어. 졸업하면 취직을 해야 할 텐데, 그럼 글을 쓸 수 있을까? 어떻게 하지?

교사(소파): 진로를 고민한다고? 배부른 자식! 네 가정 형편을 생각해 봐. 네가 은행원이 되면 모두 얼마나 안정된 생활을 할 수 있겠냐?

방정환: 그래, 식구들…….

교사(소파): 졸업만 하면 은행원이 되는 건 식은 죽 먹기야. 우리 학교 졸업생이면 은행에서 모셔 간다고. 은행처럼 안정된 직업이 어디 있냐. 지금같이 어지러운 세상엔, 돈을 만지는 사람이 최고야. 시류에 흔들릴 염려도 적고. 일단 졸업해서 은행에 취직하는 거다. 알았지?

방정환: 은행원?

교사(소파): 먹고사는 문제를 해결해야 예술이고 지랄이고 뭐든 할 게 아니야. 당장 배를 곯는데 글이 써지냐? 은행에 취직해서 생활이 안정되면, 그때 가서 여유를 갖고 예술도 할 수 있고. 안정된 직장이 최고라고!

방정환: …….

교사(소파): 그래, 당장 예술을 못 한다는 게 아쉽겠지. 감수성이 좀 떨어질 수도 있겠고. 허나, 하지만 하고 싶은 건 생활이 안정된 다음에.

그리고 시계 소리—

어느새 은행원이 되어 움직이고 있다. (영상)

서류 뭉치를 들고 기계적인 움직임—

소파는 상급자가 되어 지시를 한다.

방정환 의식 속에는 과거와 현재가 혼재한다.

방정환: 안 돼. 그렇게 살 순 없어. 이야기를 만들고, 이야기를 들려주면서 살아야지!

소파: 따뜻한 된장찌개 놓고 가족들이 오순도순 둘러앉아 밥 먹고, 사랑을 나누고 싶다며?

방정환: 그러고 싶지만, 그러고 싶지만…… 헉, 헉! (큰 소리로) 학교를 그만두겠습니다!

소파: (천천히 다가가 방정환의 어깨에 손을 얹는다.) 덕분에 서른 초반에, 이렇게 죽을 지경이 되었고.

방정환: 어린이들을 만났잖아. 그래서 더 열심히 잡지를 만들고 이야기를 하러 다닌 거야.

소파: 흥, 일본 놈들이 검열한다고 원고를 다 삭제해서— 빈 종이로, 백지로 책을 만들면서도?

방정환: 그래도 잡지를 내야 했지. 빈 곳은— 백지라도, 빈 종이라도 책을 받으면— 어린이들은 거기에 자기 상상을 불어넣어 이야기를 완성하지. 그래, 그렇게 믿어. 그래서 열과 성을 다해서 《어린이》 잡지를 만든 거 아냐? (시제를 바꿔 잡지를 만들던 때로) 잡지엔 반드시 희곡을 실을 거야!

소파: 연극을 하겠다고?

방정환: 말로, 그냥 일상으로 이야기를 완성하는 게 연극이잖아. 일상이, 자연스러운 말이 예술이 되는 거라고!

소파: 사는 게 다 연극이지.

방정환: 누구나 쉽고 재미있게 연극을 하고 연극을 볼 수 있게. 글을 모르는 사람들도 다 같이 즐길 수 있게. 글을 안다고 해도 같이 연극을 만들고 함께 연극을 본다면 그 감동은 몇 배가 될 거고,

무엇보다 함께 하는 것만으로도, 한 공간에 같이 있다는 것만으로도 우리에게 얼마나 큰 힘이 되겠어.

소파: 연극을 본다는 건— 이 나라 백성들이 가장 쉽게 일체감, 동질감을 느끼는 방법이라.

방정환: 그렇지.

소파: (따지듯) 그런데 지금까지 어린이들이 연극을 한 번이라도 해 본 적이 있을까? 아니, 본 적은?

방정환: 글쎄…….

소파: 쉽지 않겠어. 쉽지 않아.

방정환: (잠시) 그래도 할 수 있어. 꼭 잘해야 하는 건 아니잖아. 최선을 다하면 돼.

소파: 그래, 무슨 이야기를 하려고?

방정환: 음, 처음이니까 쉽고 재미있게 써야겠지?

소파: 쉽고 재미있게?

방정환: 글을 모르는 사람도 누구나 즐기고 그 뜻을 생각할 수 있게. 하는 사람도 즐겁고, 보는 사람도 즐겁게.

소파: 좋아. 그런데 어떤 교훈을 담지? 어린이를 위하는 정신도 있어야 할 것 같고.

방정환: 아니, 교훈은 저절로 드러나는 거야. 억지로 교훈을 담으려고 하면, 가르치려 하면— 그게 윤리의 틀을 만들고, 스스로 굴레

에 갇히게 되는 거야.

소파: 윤리의 틀?

방정환: 이야기엔 이미 어떤 정신이 담겨 있기 마련인데, 의도된 교육
　　　은 좋지 않아. 우선 재미있는 이야기를 찾으려고. 처음이니까 연
　　　습하면서도 부담을 줄일 수 있으면 좋고–

소파: 재미있고 부담 없는? 그런 게 어디 있어? 그렇게 연극을 할 수
　　　있다고? 어떤 얘기가…….

방정환: 혹부리 영감!

소파: 왜 혹부리 영감이지? 흥부 놀부는 어때? 아니면 해와 달이 된
　　　오누이?

방정환: (웃으며) 도깨비가 나오잖아!

소파: 뭐?

방정환: 도깨비짓을 하면, 재미있잖아. 만들면서도 재밌을 거고.

소파: 그럼 제목도 바꿔. 도깨비 놀이, 깨비 깨비 도깨비, 아니면 노
　　　래 주머니.

방정환: 노래 주머니? 그래, 〈노래 주머니〉가 좋겠다. 도깨비들은 노
　　　래가 혹에서 나오는 줄 아니까.

소파: (얼결에 혹을 만들면서) 그래, 〈노래 주머니〉!

방정환: 먼저 도깨비들이 나오는 거야.

소파: 도깨비?

방정환, 눈짓을 한다.

둘: (동시에) 도깨비!

경쾌한 타악―
둘은 다시 병실을 정리하고 무대를 만든다.
병실의 도구들까지 도깨비가 된다.
가방을 열어 보다 완성된 도구들을 챙긴다.
둘은 도깨비가 되어 각자 독특한 움직임과 소리를 낸다.

도깨비(방정환): 또르락 딱, 또르락 딱!
괴수(소파): 아, 재미있는 노래 좀 할 수 없니? 어떻게 매일 똑, 같, 은
　　　　 노래만 부르냐?
도깨비(방정환): 우리가 아는 노래는 이것뿐이데 어떻게 해요? 또르락
　　　　 딱, 또르락 딱!
괴수(소파): 아이고, 더는 못 듣겠다. (나간다.)

도깨비는 혼자 노래를 부른다.
밖에서 노랫소리가 들린다.

도깨비(방정환): 저게 무슨 소리지?

소파, 얼굴에 혹을 붙이고 혹부리 영감이 되어 노래를 부르며 들어
온다.
도깨비(방정환) 노래가 반주가 되니− 영감의 노래는 더 흥겹다.
이때, 닭 소리.

방정환: 여기가 중요해. 도깨비들은 노래를 더 듣고 싶은 거야. 영감
       이 없을 때도. 어떻게 하면 아무 때나 노래를 들을 수 있을까,
       생각하다가− 영감의 혹을 발견하고− 거기서 노래가 나온다고
       생각하는 거지.
소파: 영감은 그냥 '혹'이라고, '노래 주머니'가 아니라고 하지만−
방정환: 도깨비들은 그게, 영감의 혹이 분명히 '노래 주머니'라고 생
       각하고 억지로 떼어 가는 거야, 혹을.

방정환, 소파의 혹을 뗀다.

방정환: 이제 욕심 많은, 심술 궂은 혹부리 영감은 어떻게 하면 좋을
       까?

소파: 인상이 그리 좋지는 않을 거야. 험상궂게?

방정환: 아니, 연극은 행동을 통해 인물의 성격을 드러내는 거잖아. 인상만으로 좋은 사람 나쁜 사람 구분하게 하면, 어린이들이 자라서 자칫 사람들의 외형만 보고 좋은 사람 나쁜 사람을 판단할 수 있어.

소파: 그래, 맞는 말이야. 그럼 어떻게 해야 나쁜 사람이란 걸 알릴 수 있을까? 지금 우리에게 나쁜 사람이라면?

방정환: 많지.

소파: 그중에 제일 나쁜 사람은?

방정환: 음…… 남의 것을 뺏는 사람!

소파: 뺏는 사람?

방정환: 특히 어린이 것을 뺏는 사람! 거짓말하는 것도 나쁘고 남을 속이는 것도 나쁘지만— 지금 우리 조선에서 가장 나쁜 건, 남의 걸 뺏는 거야.

소파: 아, 결국은 그것으로 나라를 뺏은 일본의 부당함도 알리고!

방정환: 그렇지!

소파: 그럼 뭘 뺏지?

방정환: 어린이가 가진 것을 뺏어야 하니까, 어린이들이 잡은 물고기를 뺏는 건 어때? 말도 안 되는 억지를 써서 물고기를 뺏는 거지.

소파: 그럼 먼저 어린이들이 물고기를 잡고 좋아하는 장면을 넣어야지. 그래야 뺏길 때 더 실망하는 법이니까.

방정환: "메기를 잡았는데, 마치 뱀장어인 줄 알았어. 팔뚝만 해" 하면서 소년들이 좋아할 때, 혹부리 영감이 나타나 그 물고기를, 메기를 뺏는 거지.

소파: 뭐라고 하면서?

방정환: "야, 이놈들아! 내가 저 위에 이 메기를 놔뒀단 말이야. 그놈이 이리 내려왔으니, 그건 내 메기야!" 하면서 뺏는 거지.

소파: 그럼 남의 것을 뺏는 게 얼마나 나쁜지, 그러면 일본이 우리 걸 뺏는 게 얼마나 나쁜지 알게 될 것이고!

방정환: 그리고 다시 산속에서 도깨비들을 만나 자기 혹을 떼어 달라고 하는 거지. (혹부리 영감이 되어) 여기 이 노래 주머닐 드릴 테니 도깨비 방망일 주시구려. 내 노래 주머닌 지난번 그 영감탱이 것보다 더 노래가 많다오.

도깨비(소파): 그래, 그 혹에서 노래가 나온다고?

혹부리 영감(방정환): 네!

도깨비(소파): 이런 나쁜 놈! 우리 도깨비들이 또 속을 줄 알고? 옛다, 이것까지 가져가라!

혹부리 영감(방정환): (양쪽에 혹을 붙이고) 아이고, 혹 떼려다가 혹 하나 더 붙였네!

방정환(혹부리 영감)은 양쪽 볼에 혹을 붙이고 쩔쩔매는데,
소파는 배꼽을 잡고 웃는다.

소파: (갑자기 정색하며) 그런데 어린이들이 글만 보고 연극을 만들 수
    있어?

방정환: 끝에 '주'를 붙일까? 도깨비는 그냥 허리에 검정 띠를 띠고,
    팔뚝과 머리도 검은 끈이나 헝겊으로 질끈질끈 동여매면 그만
    이요.

소파: 방망이라도 하나 들고?

방정환: 아, 이걸 꼭 강조해야 돼. 공연을 할 때, 꼭 대본을 다 외울
    필요는 없습니다. 내용만 잘 안 후에는 말은 조금씩 달라도 관계
    치 않습니다. 자유롭게, 사실만 틀리지 않게 하십시오.

소파: 그런데, 지난번 보성학교 때도 연습하면서 보니까, 상수 하수.
    이런 말이 좀 어렵던데. 쉽게, 누구나 알 수 있게 할 순 없을까?

방정환: 그냥 왼쪽 오른쪽 해서– 좌편 우편이라고 하지, 뭐.

소파: 좌편 우편?

방정환: 그럼 누구나 쉽게 알 수 있잖아?

소파: 맞아. 그런데 그 기준은 관객이 아니라 배우라는 사실.

방정환: 그래. 배우의 왼쪽은 좌편, 오른쪽은 우편! (자리를 옮겨서) 지
    면 때문에 1장을 3월호에 싣고 2, 3장을 다음 4월호에 실었는

데…… 대성공이야! 연극을 하니까 사람들이 무척 좋아하더라
는 거지. 그래, 이번엔 더 재미있는 얘길 써야겠어.

소파: 무슨 얘기?

방정환: 〈토끼의 재판〉!

소파: 〈토끼의 재판〉?

방정환: 그래! 이번엔 말을 더 재미있고 풍성하게 표현하려고.

소파: 아, 지난번 〈노래 주머니〉는 산속이랑 냇가, 장면이 둘이잖아?
무대를 만드느라고 힘들었어. 이번엔 한 장소에서 다 이뤄지면
어때?

방정환: 좋지!

소파: 그런데 〈토끼의 재판〉을 만들려면, 호랑이가 웅덩이에 빠져야
하는데, 그걸 무대에서 어떻게 표현하지?

방정환: (잠시 둘러보다가) 궤짝에 갇힌 걸로!

소파: 궤짝?

방정환, 병실의 도구들을 이용해 궤짝을 만든다.
다시 가방에서 소품을 꺼낸다.
어느 순간 소파가 적극적으로 만들고 방정환은 피곤한 듯 자리에 앉
는다.
소파는 무대를 꾸며 놓고 방정환에게 차를 권한다.

방정환: 아, 시원해!

소파: 뜨거운 게 시원하다? 하긴. 우리말로 이보다 더 정확한 느낌을
　　　전할 수 있는 말이 있을까?

방정환: 뜨거운 국물을 먹으면서도- 시원하다.

소파: 찬물을 마시면서도- 시원하다.

방정환: 바람을 맞으면서도 시원하다!

소파: 오줌을 참고 있다가 일을 보고 나면-

둘: 아, 시원하다!

방정환: 실컷 울고는-

둘: 아, 시원하다!

소파: 그래, 슬픈 일 힘든 일이 있을 땐 한번 크게 울어 주는 것도 좋
　　　지. 또 나를 괴롭히는 사람이 골탕을 먹으면?

둘: 시원하다!

소파: 일본 순사가 꽈당 넘어지면?

둘: 어이쿠, 시원하다!

자연스럽게 〈토끼의 재판〉의 한 장면-

방정환: 사냥꾼 둘이, 둘이 호랑이를 잡아서, 호랑이를 잡은 궤짝을
　　　끌고 가는데, 궤짝!

소파: 호랑인 여기!

궤짝에 호랑이를 가둔다.

방정환: 이게 보통 힘든 일이 아니거든. 사냥꾼들이 녹초가 되어 잠
　　시 쉬면서—

사냥꾼 1(이하 방정환): (바람을 맞으며) 아, 시원하다!

사냥꾼 2(이하 소파): 자네가 시원하다고 하니까 찬물을 마시고 싶어
　　지잖아.

사냥꾼 1: 내가 바람이 시원하다는데 자네가 왜 물을 마시고 싶어지
　　나?

사냥꾼 2: 시원하다고 하면 찬 냉수가 생각나는 건 당연하지.

사냥꾼 1: 어디 찬물만 생각나? 난 가슴이 답답할 때 실컷 울고 나니
　　까 속이 시원하더라고.

사냥꾼 2: 어디 그뿐인가? 속이 더부룩할 때, 똥 한 자루 푸지게 싸
　　면, 그게 얼마나 시원한데?

사냥꾼 1: 어려운 일이 해결되면 그게 젤 시원하지.

사냥꾼 2: 무엇보다 미운 시누이가 골탕을 먹으면 그게 더 시원한지.

사냥꾼 1: 시누이?

사냥꾼 2: 그래, 시누이.

사냥꾼 1: 예끼, 그건 못된 심보지.

사냥꾼 2: 그런가? 그렇지. 그러나저러나 시원하다고 하면 뭣보다 시원한 물이 최고 아닌가. 내 지금 갈증이 나서 그래.

사냥꾼 1: 그럼 물을 찾아보자고.

사냥꾼 2: 저 호랑이는 어쩌고?

사냥꾼 1: 이 산속에 지나갈 사람이 있겠어? 그리고 누가 간 큰 사람이 있어 저 호랑이를 꺼내 주겠냐고?

방정환: 이렇게 해서 사냥꾼들이 자리를 뜨면, 나그네가 지나가다가 궤짝 속에 갇혀 있는 호랑이를 꺼내 주는 거지. 그러자 호랑이는—

호랑이(방정환): 어흥! 널 잡아먹겠다.

나그네(소파): 절대 잡아먹지 않겠다고 약속하지 않았느냐?

방정환: 이렇게 해서 지나가는 소에게 묻고, 가만, 그럼 또 소를 만들어야 하는데—

소파: 어차피 장치를 만드니까 '나무'나 '길'이 대답하지, 뭐.

방정환: 나무나 길이 대답하는 걸 쉽게 이해할 수 있을까?

소파: 그 숙제를 풀어 가는 것도 재미지. 소를 만들려면, 그게 더 큰 부담이 될 거야.

방정환: 그냥 멍석을 접어서 뒤집어쓰면 되잖아.

소파: 그게— 마당에선 그렇게 해도 되지만, 무대에선 아무래도……

그냥 무대에 있는 길과 나무가 이야기하는 게 좋겠어. (다시 작품 설명) 길과 나무는 "호랑이가 옳다, 사람은 은혜도 모른다, 그러니 어서 잡아먹어라!" 하지. 이때, 토끼가 지나가는 거야.

방정환, 얼른 토끼가 된다.

나그네(이하 소파): 옳지, 옳지! 토끼님, 토끼님! 자네 재판 좀 해 주게. 이 호랑이가 이 궤짝 속에 갇혀 있는데 그것을 살려 꺼내 준 나하고, 살려 준 나를 잡아먹으려는 호랑이하고 누가 옳고 누가 그른가, 응?

토끼(이하 방정환): (귀를 기울이고 한참 생각하다가 능청스럽게) 어, 어떻게 되었어요? 알 수 없는걸요. 누가 갇히고 누가 그것을 살려 주었어요? 그리고 누가 누구를 잡아먹으려고…… 으, 당신이 이 호랑이를 잡아먹으려고 해요?

나그네: 아니요. 내가 호랑이를 잡아먹으려 그러는 게 아니라, 이 호랑이가 이 궤짝에 갇혀 있는데 내가 살려 주었어요.

토끼: 네. 알겠습니다. 그러니까 이 호랑이하고 당신이 이 궤짝 속에 갇혀 있습니다그려.

나그네: 호랑이가 갇혀 있고 내가 지나가다 보니까.

토끼: 으응, 호랑이가 지나가다 보니까.

소파: 이렇게 토끼는 계속 잘 모르겠는 듯이 딴청을 피우는 거야. 그
　　　러면 호랑이란 놈이 안 나설 수 있나!

역할을 바꾼다.

호랑이(소파): (갑갑한 듯이 화를 내고) 에에, 갑갑한 놈이로군! 웬 못난
　　　놈이로구나. 이 궤짝에는 내가 있었단다. 내가 있었어!
토끼(방정환): 네, 그렇습니까. 호랑이 속에 궤짝이 갇혀 있었어요?
호랑이(소파): 헤헤, 답답한 놈이로군! 그래도 몰라? 천치 못난이 바
　　　보 같은 놈아! 자아. 자세히 보아라. 자아, 이 문을 열고 이렇게
　　　허리를 굽히고 이렇게 들어가지 않니, 자, 자, 들어오지 않았니?
　　　알았지.
방정환: 이렇게 호랑이가 스스로 궤짝에 들어가는 거지. 정말 재미있
　　　잖아?

신이 나서 지난 일을 회상하다가 다시 현실로 돌아온다.
정리하며―

소파: 하지만 연극을 하는 게 쉽진 않았어. 우선 사람들이 모인다는
　　　게, 그게 쉬운 일이야? 무대를 만드는 것도. 무엇보다 검열을 받

아야 하니까. 미리 대본 검열을 받고 조금만 이상해도 그 뜻이 무엇이냐, 왜 이런 연극을 하려고 하느냐 하고 다그치니— 겁도 나고, 연극을 하기가 힘들어졌지. 지쳤어.

방정환: …….

소파: 연습하는 게 즐겁기만 할 줄 알았는데, 연습하면서 자꾸 다투는 사람도 생기고. 물론 적당한 다툼은 건강한 거라고 생각했어. 그런데 상처를 받는 사람이 생기잖아. 연습하면서 같은 민족끼리, 우리 어린이들끼리 시기하는 마음을 갖기도 하고.

방정환: (적극적으로) 연극 한다는 게 어떻게 부담스럽지 않을 수 있어? 남들 앞에 선다는 건 늘 부담스러운 일이야. 나도 이야기를 하려면 늘 부족하게 느껴지잖아. 그래서 늘 연습하는 거야. (연습을 하려고 한다.)

소파: (갑자기) 그만둬.

방정환: 왜?

소파: 이제 어린이는 그만두고 어른들을 위한 소설을 쓰자. 여성들한테 집중하는 것도 좋고. 그게 더 관심을 가질 수 있어. 달달하고 화끈한 사랑 얘기까지.

방정환: 뭐?

소파: 그래야 돈을 벌지.

방정환: 그게 무슨 소리야?

소파: 솔직히 지금 하는 노력을 어른들을 대상으로 바꿔 보자고. 더 많은 사람이 알아줄 거고 돈도 더 벌 수 있고. 무엇보다—

방정환: 그만둬.

소파: 왜? 솔직히 그만두고 싶잖아. 지금 얼마나 힘들어? 내 몸이 삭는 느낌이 드는데도 이 일을 계속하겠다고?

방정환: 그럼 누가 해?

소파: 그게 왜 나야? (잠시) 일이 먼저야? 사람, 사람이 먼저잖아.

방정환: 맞아. 사람이 먼저지. 그런데 사람이 사람답게 사는 세상을 만들려면, 그런 세상을 어린이들에게 물려주려면— 해야 할 일이 너무 많아.

소파: 아이고!

방정환: 다행히 도와주는 사람들도 있잖아.

소파: 그들이 얼마나 돕는데? 자기 일 다 하고 자투리 시간 조금 내어 주는 걸 갖고 뭘 그렇게 황송해해?

방정환: 아냐, 그렇지 않아. 그 마음이 얼만데.

소파: 그게 돈이 돼?

방정환: 제발 그만해. 돈이 안 된다고 의미 없는 게 아니잖아. 돈이 생기지 않아도 해야 할 일은 해야 돼!

소파: 나 안 해!

소파, 가방을 던지니 그 위에 있던 공책과 책들이 흩어진다.

소파, 그대로 나가고 방정환은 이것들을 줍는다.

방정환: 이건 주시경 선생이 주신…… 그래, 우리말을 더 갈고 다듬어
야 돼. 말을 잃으면 다 잃게 될 거야. 우리가 우리말을 잘 가꾸
고 다듬어 놓으면, 많이 쓰면, 아무리 우리말을 없애려고 해도,
그렇게는 안 될걸.

다시 의지를 갖고 숨쉬기와 발성 연습을 시작한다.

방정환: 아야어여오요우유으이 아야어여 어여 어여……. (1928년 이극
로 녹음본 참조) 아야어여 어여 어여.

소파: (들어오며 큰 소리로) 쉬라고!

방정환: 연습을 해야지. 이극로 선생이 《우리말본》을 불란서에 가서
녹음했다잖아. 일본이 우리말을 없앤다 해도, 누군가 그 말본을
따라서 우리말을 살려 낼 수 있도록.

소파: 없어지면 그만이지 어떻게 살릴 수 있어?

방정환: 그래, 그런 일이 없게 하려면 내가 연습을 더 해서 재미있는
이야기를 들려줘야 돼. 그래서 사람들이 계속 우리말을 쓰면,
그럼 일본이 아무리 우리말을 없애려고 해도 없앨 수 없을 테니

까. 연극은 그런 힘이 있지. 말을, 좋은 말을 널리 퍼트리는!

소파: 혼자 연습한다고 그게 연극이 돼?

방정환: 그래, 혼자서라도 연극을 하면 되지, 뭐.

소파: 미쳤군. 혼자서라도 연극을 하겠다고?

방정환: 서양에서도 처음 연극을 시작할 땐 배우가 혼자 무대에 섰다
잖아. 그런 글을 본 적이 있어. 어떻게 했을지는 잘 모르겠지만,
어쨌든 혼자서도 연극을 할 수 있다는 거잖아.

소파: 지금 그걸 누가 연극이라고 하겠어?

방정환: 연극이 아니면 어때? 판소리도 혼자 하는데. 앞으론 혼자 하
는 것도 연극이 될 수도 있고. 어린이들이 재밌어하면 그만이지,
뭐.

소파: 그래도 뭔가 이름이 있어야 되잖아? 정체성이 있어야지.

방정환: 그럼, 말로 하는 연극, 말로 하는 연기라고 해서 구연(口演)이
라고 할까? 중국 사람들은 연극을 '얘기하는 극', '대화를 주고
받는 극'이라고 해서 화극(話劇)이라고 하잖아.

소파: 뭐, 그럴 수도…….

방정환: 구연! 일단 그렇게 하지, 뭐. 나중에 더 자연스럽게 우리말을
쓸 때가 되면, 달리 부를 수도 있겠지만.

소파: 입으로, 말로 하는 연극이라면…… 그럼, 말을 더 잘해야 하겠
네?

방정환: 당연하지. 일본선 우리말을 없애려고 하지만, 많은 사람이 우리말을 쓰면– 쉽고 재밌고 정확하게, 아름다운 우리말을 쓰면– 아무리 없애려고 해도 없앨 수 없어.

소파: 아니! 일본서 없애려고 노력하지 않아도 스스로 우리말을 버리고 일본말을 써야 유식하다고 생각하는 사람들이 있잖아. 많아. 얼마나 많은데. 말끝마다 뭔상, 아리가도, 혼토니, 닥상. 그래, 닥광, 빠께스, 오뎅, 덴뿌라, 도락구…….

방정환: 그런 건 다 집어치우고 우리말을 더 멋지게 쓰는 거야. 쉽지만 멋지고 아름다운 우리말.

소파: 그게 쉽나?

방정환: '말맛'을 잘 살려야지. 그래, 혼자 하면 말맛을 더 잘 살릴 수 있어. 그래서 어린이들이 그 말을 따라 하고……. 이야기를 통해 마음이 살찌고 정신이 살찌고 영혼이 풍요로워질 수 있도록!

소파: 배우의 말을 따라 하면서 말을 다듬게 한다?

방정환: 그렇지.

소파: 좋아. 슬플 땐 슬픈 이야기로!

방정환은 화자가 되어 극을 시작한다.
소파가 조명을 비추고 가방에서 도구를 꺼내 그림자극을 진행한다.

방정환: (신파조로) 무섭게 추운 밤이었습니다. 눈은 자꾸 쏟아지고 밤은 점점 깊어 가는데, 이날은 일 년에도 맨 끝 섣달그믐날 밤이었습니다. 이렇게 춥고 어두운 밤에 한 어린 소녀가 머리에는 아무것도 두르지 않고 벌거벗은 맨발로 눈 쌓이는 한길을 아장아장 걷고 있었습니다. 오늘은 온종일, 이때까지 돌아다녀도 한 사람도 성냥을 팔아 주는 이가 업고 동전 한 푼 주는 사람도 없었습니다. 배는 고프고 춥기는 하고, 가련한 소녀는 발발 떨면서 타박타박 걷고 있었습니다.

소파: (그림자를 비추면서 일상적인 어투로) 소녀가 구석에 앉아 있을 때, 옆에 집에서는 통닭을 먹고, 또 한 집에선 아이들이 예쁜 옷을 입고 춤을 추고- (음향과 그림자극) 특히 소녀를 힘들게 하는 건 꿩을 굽고 국 끓이는 맛있는 냄새.

방정환: 소녀는 빈손으로 집에 갈 수도 없었습니다. 빈손으로 돌아가면 사나운 아버지에게 죽도록 얻어맞을 테니까요.

소파: 그래서 소녀는 몸이라도 녹이려고 성냥 한 개비를 꺼내 불을 붙이면 소녀는 따뜻한 난로를 보고…….

방정환: 소녀는 다시 성냥불을 긋습니다. 이번엔 이쁜 옷을 입고 구두를 신고 춤이라도 출 듯 기뻐합니다. 이때, 별똥별이 떨어지는 것을 봅니다. 소녀는 "하늘에서 별이 떨어지는 것은 사람 하나가 죽어서 그 영혼이 '하늘나라'로 가는 표란다"라고 하신 할머

니 말씀이 생각났습니다.

소파: 그리고 소녀는 할머니가 자기를 꼭 안고 하늘로 올라가는 느낌을 받는 거야. (그림자극)

방정환: 춥고 쌀쌀한 새벽 먼동이 훤하게 밝아 올 때에 이 집 담 옆에 소녀는 뺨이 불그레- 하고 입모습에는 웃음을 띤 채로 죽어 있었습니다. 새해의 아침 햇빛은 이쪽으로만 죽음을 환하게 비추었습니다.

소파: 앉은 채로 고대로 죽은 소녀의 손엔 타다 남은 성냥이 그대로 들려 있고.

방정환: 그것을 본 사람들은, "가여워라, 이 성냥불로 몸을 녹이려 했구나" 하였습니다. 그러나 그렇게 아름다운 것을 보고 밝은 광채 중에서 할머니와 함께 새해를 맞은 줄은 아무도 알지 못하였습니다.

방정환: (극에서 빠져나오면서) 얼마나 많은 사람들이 눈물을 흘렸는지! 뭣보다 사람이 죽어 하늘나라에서 행복하게 살 수 있다는 희망을 줬고.

소파: 다음 세상에 행복하게 살 거니 암울한 현실을 그대로 받아들여라? 현실이 아무리 너를 힘들게 해도 내세가 있으니 참고 살아라? 슬픔에 잠긴 사람들한테 더 슬픔을 안겨 준 건 아니고?

방정환: 슬플 땐 눈물을 흘려야지! (앞의 '시원하다'가 연상되게) 시원하

게! 시원하게! (분위기를 바꿔서) 그래, 슬픈 얘길 했으니까 담엔 유쾌한 얘기로! 이번엔 유쾌한 얘길 하는 거야.

소파: 유쾌한 이야기라면? 〈옹기 셈〉? 〈도깨비〉?

방정환, 소파에게 빨간 코를 건넨다.
소파는 빨간 코를 달고 어릿광대가 되어 익살스러운 몸짓을 한다.
〈뜀뛰는 여관〉의 한 장면―
소파가 어릿광대 모자를 쓰고 키다리 신발까지 신는다.

방정환: 날씨 좋은 어느 가을날이었습니다. 여관집 앞마당에 주인 영감과 여관 손님들과 동리 늙은이들까지 모여 앉아서 따뜻한 볕을 쪼이면서 한가한 이야기들을 하고 있는데, 밖에서 처음 듣는 노랫소리가 들렸습니다. 그러더니 옷도 이상스럽게 만들어 입은 키 큰 사람이 들어서며―

로달드(이하 소파): 야, 여러 분이 모여 앉으셨군. 모두들 안녕하십니까? (하면서 망설임 없이 안으로 들어선다.)

방정환: "누구요?"

로달드: 허허― 그거참, 내 이름을 모르는 것은 딱한 일이로군. 내 이름 '로달드'라 하면 세상에서 모르는 사람이 없는 유명한 사람이라오. 영국, 미국은 물론이요, 불란서, 독일, 아라사까지 세계에

있는 나라라는 나라는 모두 다녀왔는데, 가는 곳마다 그 나라 임금님께 상을 받아서 산더미 같은 보물은 고사하고 훈장만 하여도 가슴에 찰 곳이 없이 많은 사람이라오.

방정환: 하고 어깨를 으쓱했습니다. 그러고는 여관보다, 3층짜리 여관보다 높이 뛰겠다고 허풍을 떨지 뭡니까. 그렇게 내기를 정해 놓고는- 어떤 내기냐 하면- 보면 알아요. 로달드는 벙거지를 벗고 웃통을 벗고 나섰습니다. 3층보다 높이 뛰겠다고. 여러 사람들은 눈이 동그래져서 쭉 둘러서서 뛰기를 기다리고 있었습니다.

로달드: 자아, 뜁니다. 난 이 여관보다, 3층짜리 여관보다 높이 뛸 수 있다오. 자아- (박수를 유도하며) 하나 둘 셋!

방정환: 로달드는 뛰어올랐습니다. 하지만 3층짜리 여관은커녕 사람 신발만큼도 뛰질 못했으니- 주인 영감은 속은 것이 분하여 성을 내면서 "이 멀쩡한 미친 녀석아, 뛰기는 무얼 뛰어. 어서 약속대로 모가지를 베어 내라. 모가지를 베어 낼 수가 없으면 엎드려 개 짖는 소리 내면서 이 마당을 세 번만 돌아라." 그러나 로달드는 천연스러운 얼굴로-

로달드: 아니, 나는 그만큼 뛰었으니까, 이번에는 집이 뛰어 볼 차례니까 집이 뛰어야지. 만일 이 집이 내가 뛴 것보다 더 높이 뛰면 내가 지는 것이니까 그때는 모가지든지 방귀든지 마음대로 가져 가시오.

방정환: "무어, 무얼 어째? 자네가 이 3층 집보다 더 높이 뛴다고, 그러지 않았나?"

로달드: 그래요. 이 집보다는 더 높이 뛴다고 했어요. 하하하하…….

방정환: "왜 이놈이 웃으면서 우물쭈물 속여?"

로달드: 아니, 속이는 것이 아니라 처음부터 이 집보다는 높이 뛴다고 했으니까— 집이 뛰어 보아야 알지 않느냐 말이요. 나는 어디를 가든지 집하고 뛰기 내기를 하여서 집한테 져 본 일은 없다오. 아하하하!

둘, 배꼽을 잡고 웃는다.

소파: 이번엔 옛이야기 한번 해. 옛날, 아주 먼 옛날. 호랑이가 담배 먹던 시절—

방정환: 가만. 그런데 구연하기 전에 소녀 둘이 하던, 그…….

소파: 〈아버지〉?

방정환: 그래, 〈아버지〉! 그게 생각나. 누구나 쉽게 연극을 해 보라고, 그러면서 스스로 느낄 수 있게 짧은 극을 썼지.

소파: 구연을 하기 전에 소년회 식구들이 분위기도 띄우고! 한번 해 볼까? (객석을 향해) 꼭 외워서 하지 않아도 됩니다. 내용만 이해하면 순서가 바뀌어도 괜찮습니다. 이것은 소년 2인이 하여도

좋고, 소녀 2인이 하면 더욱 우습고 재미있습니다.

방정환: 가만, 재떨이는 어디 있는 게 좋을까? 그렇지, 아버지가 손만 뻗으면 닿을 수 있는 곳. 성냥은? 바로 그 옆에. 안경은 어디 두면 좋을까? 장롱 속? 그것도 좋겠지만, 아버지 바로 옆에, 아니, 방석 밑에 두는 거야. 그래, 바로 자기 옆에 두고, 아버진 손끝도 안 움직이면서 아들한테 시키기만 하는 거지.

소파: 이 애야, 씨동아! 성냥 가져와라, 재떨이 가져와라, 신문 가져와라, 안경 좀 가져와라!

방정환은 그 말에 따라 정신없이 움직이다가―

방정환: (대본을 들고) 아이고머니, 참말이지 죽겠네. 우리 집 아버진 왜 그런지 몰라. 너무도 심하셔. (코를 홱 풀고 나서 손과 입으로 일일이 흉내를 내면서) 손끝만 움직이면 금방 집을 것도 고스란히 앉아서 신문 가져오너라, 안경 가져오너라. 아들이란 사람은 심부름만 하려고 태어난 줄 알지요. 아이고머니, 무식한 아버지!

소파: (노인이 되어) 그만! 아니, 삼강오륜도 모른단 말이야? 어떻게 자식이 아비를 보고 "무식한 우리 아버지" 할 수 있어? 철없는 애들 모아 놓고 재미있는 얘기 한다더니, 부모 자식 간을 이간질한단 말이야! 썩 그만두지 못해!

잠시―

방정환: (한숨을 쉬며) 일경들 때문에, 순사들 때문에 얘기판이 엉망
이 된 게 어디 한두 번이었어? 그래, 그건 그렇다고 해. 그런데
이런 일로도 얘길 못 하는 경우가 있었으니!

소파: 재미있고 우습게 하라고 했지만, 결코 재미있을 수 없었어. 그
대목이 되면 글을 읽지 못하고 쭈뼛거리는 소년들은 또 얼마나
많았고. 윤리적 억압이 그렇게 무서운 거야. 그 틀을 깨야 자유
로운 생각을 할 수 있을 텐데. 어린이가 독립된 존재라는 걸 알
아야, 그렇게 자라야, 나라의 독립도 이룰 수 있을 거 아냐. 내
가 독립하질 못하는데 나라의 독립이 있을 수 있나? 나는 노예
고 나라는 독립?

방정환: 그래서 '윤리적 억압으로부터의 해방'을 외쳤는데…… 사람들
은 윤리는 반드시 선한 것으로만 알고 있으니, 이걸 뛰어넘는다
는 게 얼마나 어려워.

소파: 나는 계속 어른들한테 얘길 하는데, 어른들은, 자신들은 행하
려 않고, 그저 가르치려고만 해! 뭘 가르치겠다는 거야, 뭘. (점
점 흥분하여) 어린이들에게 일을 시키지 말라고 했는데, 유상이
든 무상이든. 학업도 일이거든. 돋는 해와 지는 해를 보게 하
고, 어린이들이 고요히 머물고 즐길 수 있도록 공간을 마련하자

고 했는데, 어른들 돈벌이 되는 일만 하고. 과자 말고 선물 말고 애길 들려주자고 했는데, 과자 사 주고 선물 사 주고, 그걸로 할 일을 다 했다고 하는 거야.

방정환: 그래도 과잔 사 줘야지. 선물도…….

방정환, 비틀거린다.

소파: 왜?

방정환: …….

방정환, 죽음의 그림자가 다가오고 있음을 느낀다.
소파, 방정환을 앉히고 담요를 덮어 준다.
멀리서 소년 소녀들의 노랫소리.
소파, 촛불을 들고 소리 나는 곳을 비춘다.
어린이들이 노래를 부르면서 지나간다.

소파: 그래, 《어린이》 잡지에 소년 소녀들의 글을 실은 건 정말 잘한 일이야! 어린이의 순수한 마음을 볼 수 있으니! 어린이는 모두 시인이라니까. 우리가 못다 한 일, 저 어린이들이…….

방정환: 어린이들의 재능을 뽐낼 수 있는 장을 더 마련해 줘야 하는

데…… 이 어두운 세상, 밝혀 줄 이 누- 없을까?

소파: 우리가 한 일, 작은 등불은 될 거야.

방정환: (고개를 저으며 들릴 듯 말 듯 한 소리로) 아니, 어린이를 부
　　탁…….

방정환, 말을 다 잇지 못하고 조용히 손을 내려놓는다.

소파, 손을 잡아 편히 놓아 주고 다시 촛불을 들어 방정환을 비춘다.

다시 어린이들의 노랫소리가 멀리서 들린다.

소파, 방정환을 향해 지휘를 시작한다.

방정환은 미소를 띠며 눈을 감는다.

소파, 공간을 넘어 지휘한다.

이제 여기저기서 어린이들이 나와 함께 노래한다. (현대 옷)

공간과 시간을 넘어 방정환 주위에 서자 과거와 현재가 공존하는 공
간-

꽃잎이 하나둘 떨어지면서 노랫소리가 커진다.

커지는 노랫소리와 함께 더 많아지는 꽃잎들.

소파는 객석까지 지휘를 한다.

합창, 객석까지 퍼진다.

지휘는 춤이 된다.

노랫소리가 점점 커지는데-

소파는 객석으로 춤을 추듯 지나간다.

극단민들레에서 공연한 방정환 헌정 연극, 〈불 켜는 이: 소파, 방정환 100〉의
한 장면. 방정환 선생은 어린이 해방 선언문에서 '어린이는 어른보다 새로운
사람입니다' '어린이를 항상 유쾌하게 하여 주십시오' '어린 사람들의 동무가
되어 주십시오'라고 당부했다. 반면에 어린이 해방이라는 가치를 연극으로 보
여 줄 때는 그 의도를 전혀 드러내지 않았는데, 예술이 가진 진정한 힘을 믿
었기 때문이다. 이 헌정 연극에서는 그러한 방정환의 정신과 어린이들을 향한
애정을 담아냈다.

방정환 어린이극을 이어 가는 사람들

사랑의 선물

방정환의 유일한 단행본인 《사랑의 선물》은 우리나라 최초의 '세계어린이동화집'이다. 방정환에게 어린이들은 우리의 미래이자 희망이었기에 어린이날 행진을 할 때도 '우리는 조선의 새싹'이란 깃발을 들었다. 어린이 연극 〈사랑의 선물〉은 이렇듯, 일제의 탄압에도 불구하고 어린이들에게 독립의 꿈을 심어 주던 청년 방정환의 삶을 그려내 그의 어린이 사랑을 생생하게 느낄 수 있는 작품이다.

작품명: 사랑의 선물 | 극단: 모시는 사람들 | 작·연출: 김정숙 | 출연: 정성진, 정래석, 윤상호, 고훈목, 박은미, 오명준, 안중현, 박주용, 조민수, 김나희 외

호랑이 형님

방정환이 들려주던 옛이야기 〈호랑이 형님〉을 소리극으로 꾸민 작품. 어린이날 100주년 기념(어린이문화연대 후원)으로 전국 10개 지역 순회공연을 했다. 방정환의 말은 말 자체로 재미가 있다. 말이 노래가 된다. 또 말이 상상을 불러일으킨다. 방정환의 원전을 소리 내 읽자 이것이 노래로 발전했고 새로운 소리극이 되었다.

작품명: 호랑이 형님 | 극단: 극단민들레 | 각색·연출·출연: 송인현 | 후원: 어린이문화 연대

느티나무

방정환의 100년 전 글인 〈느티나무 신세 이야기〉를 토씨까지 살려서 버베이팀 (Verbatim), 즉 당시에 사용하던 옛말을 그대로 사용해 현대 관객과 만나는 작업을 했다. 물론 방정환 선생님이 들려주던 때와 지금은 약 100년의 시간 차이가 있으니, 거기에 대한 시차는 조정했다. 그리고 뒤에 제암리 사건을 추가하여 3·1 독립 만세 운동을 연상하게 했다. 100년 전의 말맛을 느낄 수 있는 작품이다.

작품명: 느티나무(원제: 〈느티나무 신세 이야기〉) | 극단: 극단민들레 | 연출: 최형오 | 출연: 송인현 | 사진: ⓒ 아시테지코리아_Fotobee

불 켜는 이: 소파, 방정환 100

죽음을 앞둔 '방정환'에게 또 다른 나 '소파'가 나타난다. 둘은 함께 지난날을 회상한다. 안온하고 편안한 길을 갈 수도 있었지만 나라의 독립을 위하고 어린이들을 위한 일을 해야 했음을, 그것이 자신의 소명이었음을 다시 한번 확인한다. 비록 자신의 목숨은 끝에 다다랐지만, 어린이들은 계속 자라나며 더 좋은 세상을 만들어 갈 것이라는 희망에 방정환은 기쁘게 죽음을 맞이한다.

작품명: 불 켜는 이: 소파, 방정환 100 | 극단: 극단민들레 | 연출: 최형오 | 출연: 송인현 | 총괄: 장계숙

불 켜는 아이

1931년 경성, 죽음을 앞둔 한 남자에게 검은 마차가 달려온다. 지난 시간이 몰려오는 것이다. 죽음을 앞둔 남자의 이름은 방정환. 일제 강점기 어두운 현실 속에 희망은 오직 어린이뿐이라는 생각으로 어린이 운동을 펼쳤다. 방정환의 일대기를 음악무용극으로 만든 이 작품은 대형 인형과 극중극을 통해 예술적 감동을 자아낸다.

작품명: 불 켜는 아이 | 극단: 즐거운 사람들 | 예술감독: 김병호 | 작: 박지선 | 연출: 이병훈 | 출연: 김두영 정수훈, 강지성, 임나경, 전소영, 권지원, 김민지 외

토끼의 재판

방정환이 1923년에 발표한 희곡 〈토끼의 재판〉을 박스 인형극으로 재탄생시켰다. 호랑이가 사냥꾼에게 잡혀 궤짝 안에 갇혀 있는 모습을 본 나그네가 궤짝을 열어 호랑이를 풀어 준다. 은혜를 모르는 호랑이가 나그네를 잡아먹으려고 하자, 나그네는 누가 옳고 누가 그른지를 셋에게 물어 재판하자고 하는데. 일상 속 박스를 활용한 무대와 소품을 통해 놀이와 상상이 가득한 무대를 구현하고, 우리 옛이야기를 친근하게 전달한다.

작품명: 토끼의 재판 | 극단: 작은극장H | 각색·연출·출연: 한혜민 | 사진: ⓒ 아시테지코리아_Fotobee

그것 참 좋다

생각할수록 점점 재미가 생기는 이야기. 안데르센 이야기가 방정환의 말을 통해 우리의 전래동화처럼 구수하게 전해진다. 시간이 지날수록 이야기가 재미있어진다고 하니 어린이들도 즐거워하지만 어른들이 함께 보면 더 재미있는 공연이다. 종이컵과 재활용품으로 사용한 오브제극으로, 특히 박영희 배우는 종이컵으로 매우 독창적인 작업을 하고 있다.

작품명: 그것 참 좋다(원제: 〈의종은 내외〉) | 극단: 문 | 연출·출연: 박영희 | 사진: ⓒ 아시테지코리아_Fotobee

동무를 위하여

같은 제목의 방정환 소설이 차선희의 손을 통해 인형극으로 다시 태어났다. 작품은 100년의 시간을 넘어 현대의 관객들에게도 커다란 공감을 준다. 동네 반찬가게 옆에 큰 반찬가게가 생겨 문을 닫게 될 처지가 되자, 그 안타까운 사정을 인쇄물을 등사하는 등의 다양한 방법으로 주변에 알리는 이야기이다. 일제의 침탈을 소시민의 삶과 연결해서 보여 주는 작품이다.

작품명: 동무를 위하여 | 극단: 낮은산 | 연출·출연: 차선희 | 사진: ⓒ 아시테지코리아_Fotobee

노래 주머니

1923년에 발표한 방정환의 〈노래 주머니〉를 원작으로 한다. 당시의 어린이들은 무대와 객석 구분이 없는 아기자기한 공간에서 방정환의 이야기를 들었을 것이다. 이 점에서 착안하여 관객들이 배우를 가까이에서 보고, 자연스럽게 참여하는 이머시브 시어터(Immersive Theatre)의 형태를 띠고 있는 이 작품은 "박 서방이 얼마나 노래를 잘하면 도깨비들이 반했을까?"라는 물음에서 출발한다.

작품명: 노래 주머니 | 극단: H작업실 | 연출: 이정수 | 출연: 이연주, 최지원 | 사진: ⓒ 아시테지코리아_Fotobee

아름답고 맛있는 우리말을 지키자

지금까지 방정환 선생을 통해 우리말을 아름답게, 맛있게, 말결을 살려서 말하는 방법에 대해 생각해 봤습니다. '글을 읽는 말'이 아니라 '말을 위한 말', '말이 되는 글'에 대해서도 알아봤습니다. 그리고 선생이 말했던 '아모나 하기 쉬운 연극'을 어떻게 실천할 수 있을지 그 방법도 살펴보았습니다.

이제 앞서 살펴본 방법들을 현실적으로 어떻게 실천할 것인지에 대한 생각을 나누려고 합니다. 방정환 선생의 글과 말에서 '말하기' 교육을 실천하려고 합니다. 글을 말로 하는 것은 생각보다 어렵습니다.

우리는 해외 정상들이 연설을 할 때 간간이 원고를 보면서 자연스럽게 말하는 모습을 영상 매체를 통해 봅니다. 강의하는 석학들이 대중 앞에서 자연스럽게 말하는 것을 보고 '지식인이라 말도 잘한다'고 생각합니다. 말도 잘하는 것이 아닙니다. 생각을 정돈된 말로 풀어내는 것은 기본적인 일입니다. 그런데 우리 정치 지도자들은 원고를 읽는 경우가 많습니다. 기자들도 써 놓은 원고를 읽는 것으로 정보를 전하고 있습니다. 뉴스에서 일부 기자들은 말을 하는 것이 아니라 원고를 읽습니다. 이러한 일은 이미 너무 오래되어서 사람들은 이것을 보고 불편하게 생각하기보다 당연히 그런 것으로 알고 따라 하기까지 합니다.

때로는 핵심 단어를 놓쳐서 무슨 내용을 들었는지 모를 때도 있고, 어미를 너무 강조하여 앞에서 했던 말을 잊어버리는 경우도 있습니다.

물론 점점 나아지고는 있지만, 글을 말로 바꾸는 과정을 거치지 않았기에 많은 연습이 필요합니다. 이것을 해결하는 방법은 앞서 방정환 선생이 이야기를 꾸미시던 방법을 빌려 오면 됩니다. 선생이 해외 이야기를 들려주실 때는 먼저 그 이야기를 이해한 다음 중요한 인물이나 사건은 놓아두고 자연스럽게 당신의 말로 풀어 가셨다고 합니다.

바로 그 방법을 사용하는 것입니다. 먼저 하고자 하는 말이 무엇인지, 전해야 할 내용이 무엇인지 정확하게 알아야 합니다. 그리고 이야기를 전할 때 꼭 필요한 단어를 몇 개 적습니다. 5분 동안 말을 한다고 가정하면 10개의 단어를 손에 들고 이야기를 풀어 가는 것입니다. 그 단어를 어떤 순서로 놓아야 하고 어떻게 해야 하고 싶은 말을 조리 있게 전할 수 있을지를 계산합니다. 다음에는 이 단어를 7개로 줄이고 다시 5개로 줄여서 연습합니다. 물론 원고 없이 자연스럽게 말하는 것까지 목표로 삼을 수 있겠지만, 그러다 자칫 핵심적인 내용을 놓칠 수 있고 잘못된 말을 해서 오히려 신뢰를 떨어뜨릴 수 있습니다.

메모를 손에 들고 이야기하면 성의를 보이는 것 같고 미리 준비한 듯

한 느낌을 주니 이것은 '덤'이라고 할 수 있습니다. 멋진 동작까지 써 가면서 화려하게 말을 잘하면 현장에서는 박수를 받더라도 돌아서면 그 내용을 잊을 수 있습니다. 물론 인상만 전하고자 할 때는 별개의 문제지만 말입니다. 외형보다 내용에 집중해야 한다는 말입니다. 글을 쓰는 방법을 여기에 적용하면 메모를 토대로 말하고, 그 말을 다시 글로 정리하는 것이겠지요.

'아모나 하기 쉬운 연극'은 교실에서도 쉽게 할 수 있습니다. 현재는 교과 과정과도 연계되어 있습니다. 다만 제가 교사가 아니기 때문에 교과 내용을 연극으로 만드는 방법을 설명할 수는 없지만, 앞서 말씀 드린 방법을 적용하면 누구나 쉽게 연극을 만들 수 있을 것입니다.

지역 이야기로 연극을 만드는 이들도 많아졌습니다. 이 경우에는 움직이는 조각(타블로) 만들기를 적용하면 좋습니다. 여러 사람이 글을 읽고 내용을 공유하기보다 몸으로 함께하면서 내용을 파악하는 것이 더 직접적일 수 있습니다.

방정환 선생은 우리말을 지키는 것을 독립의 한 방법으로 생각했습니다. 그래서 우리말을 아름답게 다듬고, 말맛을 살리고, 그 말결을 자연스럽게 연결하는 작업을 하신 것입니다.

그런데 오늘날, 우리는 스스로 우리말을 오염시키고 있는 것은 아닌지 생각해 봐야 합니다. 조어나 은어, 약어를 알아야 시대의 흐름에 뒤처지지 않는다고 생각하는 사람들이 많습니다. 특히 SNS의 발달로 소통을 빠르게 하다 보니 자연스럽게 더 많은 약어를 쓰고 있습니다. 이것이 시대의 흐름이라 하더라도 최소한의 경계가 있어야 할 것입니다.

무엇보다 중요한 것은 어떤 경우라도 아름다운 우리말을 써야 한다는 것입니다. 그 정신을 우리는 방정환 선생에게서 찾을 수 있습니다.

방정환 어린이 연극론

송인현 지음

펴낸날 2023년 5월 15일 초판1쇄
펴낸이 김남호 | 펴낸곳 현북스
출판등록일 2010년 11월 11일 | 제313-2010-333호
주소 07207 서울시 영등포구 양평로 157, 투웨니퍼스트밸리 801호
전화 02)3141-7277 | 팩스 02)3141-7278
홈페이지 http://www.hyunbooks.co.kr | 인스타그램 hyunbooks
ISBN 979-11-5741-362-1 03680

편집장 전은남 | 편집 강지예 | 디자인 김영미 | 마케팅 송유근 함지숙